ALGORITMOS

GUÍA PRÁCTICA PARA APRENDER ALGORITMOS PARA PRINCIPIANTES

Andy Vickler

Tabla de Contenidos

Introducción

Si quiere adentrarse en el mundo de la programación y la codificación, debe comprender los aspectos básicos. No puede desarrollar programas o productos complejos con conocimientos limitados de programación. En la base de todo programa informático hay un algoritmo. Si quiere escribir un código eficiente y eficaz, primero debe escribir algoritmos y, para ello, debe entender qué es un algoritmo. Sólo así podrá desarrollar el programa adecuado.

Si no está seguro de lo que es un algoritmo o quiere volver a aprender los fundamentos, está en el lugar adecuado. Este libro tiene toda la información que necesita para entender los algoritmos y cómo se pueden utilizar para desarrollar un buen código o programas. Debe desarrollar el algoritmo correcto, especialmente si quiere escribir el código perfecto. Un algoritmo es un conjunto de reglas o instrucciones, que indican a una máquina u ordenador el proceso que debe seguir para conseguir el resultado.

A lo largo del libro, aprenderá sobre los diferentes tipos de algoritmos y cómo pueden utilizarse para resolver una variedad de problemas. El libro también le introduce en algunos conceptos de programación, y es necesario que entienda estos conceptos para asegurarse de que desarrolla el código correcto una vez que tenga un algoritmo. Dado que los algoritmos constituyen la base de cualquier código que escriba, también es importante incluir ciertas declaraciones para manejar diferentes tipos de errores. Aprenderá cómo hacer esto y qué líneas de código debe incluir para manejar los errores en el código.

El libro cubre algunos de los algoritmos más comunes, como la búsqueda, la ordenación, los bucles, las sentencias de decisión y otros. También incluye algunos ejemplos y programas que le facilitarán la conversión de un algoritmo en un programa cuando lo necesite. Es importante entender que no puede convertirse en un experto en codificación si no entiende los fundamentos. Por lo tanto, utilice la información del libro para ayudarle a mejorar su comprensión de la codificación y practique tan a menudo como pueda para dominar la escritura de algoritmos y programas.

Gracias por comprar el libro. Espero que el libro cubra toda la información que busca.

Capítulo 1

Introducción a los algoritmos

Un programador necesita saber qué es un algoritmo, para saber cómo utilizarlo para escribir código. Un algoritmo es un conjunto de reglas, instrucciones o procesos que cualquier máquina o sistema debe seguir para resolver un problema. Puede incluir el tipo de operaciones a utilizar y las variables que uno debe declarar. En palabras sencillas, un algoritmo es un conjunto de reglas que definen los pasos a completar para obtener los resultados deseados.

Cualquier receta que siga es un algoritmo. Si quiere probar un nuevo plato, lea las instrucciones o los pasos que se dan. Sólo así podrá hacer el plato perfecto. También es importante seguir las instrucciones al pie de la letra. Un algoritmo garantiza que un sistema realice una tarea, de modo que el usuario obtenga el resultado esperado. Los algoritmos son instrucciones muy simples, y puede implementar uno en cualquier lenguaje de programación siempre que entienda la sintaxis. La salida será la misma.

Asociación entre los algoritmos y la informática

Si quiere que el ordenador complete cualquier tarea, debe escribir un programa. Utilizando este programa, puede decirle al ordenador exactamente lo que tiene que hacer, para que reciba la salida requerida. Asegúrese de que los pasos se definen claramente. El ordenador seguirá estos pasos y logrará el resultado final. Asegúrese de que elige las variables de entrada y la información adecuadas para alimentar al ordenador, de modo que obtenga el resultado correcto. Los algoritmos son la mejor manera de realizar una tarea.

Características de un algoritmo

Sigamos con el ejemplo de una receta. Si quiere preparar algo nuevo, tiene que seguir numerosas instrucciones. Hará todo lo posible por ceñirse a la receta, pero puede improvisar si no tiene un ingrediente específico. Del mismo modo, no puede convertir un programa en un algoritmo, ya que no todas las afirmaciones forman parte de un algoritmo. Independientemente de cómo escriba un algoritmo, éste tendrá las siguientes características:

Factible

Los algoritmos deben ser simples, genéricos y prácticos. Asegúrese de que cualquier lenguaje de programación pueda ejecutar este algoritmo basándose en los recursos que el lenguaje de programación tiene disponibles. No escriba un algoritmo sin saber cómo utilizar un lenguaje de programación para codificarlo. Por el contrario, debe escribirse basándose en la información relevante sobre su uso.

Finito

Cualquier algoritmo que escriba debe ser finito. Si utiliza bucles o cualquier otra función, asegúrese de que el algoritmo termina. No tenga una referencia infinita o circular que pueda dejar el algoritmo funcionando continuamente.

Sin dependencia de la lengua

Ningún algoritmo debe depender de un lenguaje de programación. Las instrucciones deben ser precisas y sencillas. Asegúrese de que puede utilizar cualquier lenguaje de programación para escribir su algoritmo. Como se ha mencionado anteriormente, el resultado será el mismo.

Sin ambigüedad

Cada algoritmo que escriba debe ser claro e inequívoco. Cada paso debe ser claro y sólo debe significar una cosa. El compilador nunca debe tener la oportunidad de pensar en dos o tres formas diferentes de realizar un determinado paso. Cada instrucción debe ser clara en todos los aspectos.

Entradas bien definido

Cuando prepare un nuevo plato, debe mirar los ingredientes relevantes y asegurarse de que son exactamente los que necesita para hacer el plato. Lo mismo ocurre con las entradas que introduce al escribir un algoritmo.

Salidas bien definido

Si sigue al pie de la letra las instrucciones de una receta, su plato será exactamente lo que decidió hacer. Asegúrese de que el algoritmo que escriba defina claramente el tipo de resultado que desea obtener. Esto significa que también debe definir claramente la salida.

Diseñar un algoritmo

Antes de escribir cualquier algoritmo, hágase las siguientes preguntas:

- ¿Qué entradas quiere utilizar para el algoritmo?

- ¿Qué limitaciones debe tener en cuenta cuando intente resolver este problema?

- ¿Cuál es el resultado deseado o esperado?

- ¿Qué problema intenta resolver al escribir este algoritmo?

- ¿Cuál es la solución del problema en función de las restricciones?

Estas preguntas le facilitan la generación de la salida correcta. Le ayudan a pensar con claridad, para que escriba un algoritmo eficaz. Veamos ahora un ejemplo en el que se trata de multiplicar tres números e imprimir el producto de esos números.

Primer paso: Identificar el planteamiento del problema

Es importante responder a las preguntas anteriores antes de escribir un algoritmo. Supongamos que queremos escribir un algoritmo para multiplicar tres números y calcular el resultado. Por lo tanto, el enunciado del problema aquí es calcular el producto de tres números.

Una vez hecho esto, debe identificar el producto deseado, las restricciones, las entradas deseadas y la solución del problema. Una de las restricciones que debe añadir es asegurarse de que el usuario introduzca sólo números para calcular el producto. Esto significa que su input debe ser tres números, y su salida debe ser el producto de esos tres números. La solución es utilizar el operador de multiplicación '*' para calcular el producto de los números introducidos como entrada.

Segundo paso: Diseñar el algoritmo

Lo siguiente es diseñar el algoritmo utilizando la información que ha identificado en el paso anterior.

1. Comienza el algoritmo
2. Declarar e inicializar las variables como (x, y, z)
3. Ahora, asigne valores a estas variables. Asegúrese de asignar el primer valor a x, el segundo a y y el tercero a z
4. Declarar e inicializar la variable de salida para almacenar el producto de las variables de entrada
5. Ahora, multiplique las variables y almacene el producto en la variable de salida declarada en el paso anterior
6. Imprimir el valor de salida
7. Terminar el algoritmo

Paso 3: Probar el algoritmo

Ahora, utilice cualquier lenguaje de programación para escribir este algoritmo y compruebe el funcionamiento de este.

Cómo identificar el mejor algoritmo

Puede elegir un algoritmo en función de los siguientes criterios:

- Precisión del algoritmo para garantizar que obtiene el resultado esperado independientemente del número de veces que utilice el algoritmo. Un algoritmo incorrecto le dará un resultado incorrecto o puede que no utilice todas las instancias de entrada

- Identifique las diferentes restricciones que debe considerar al desarrollar el algoritmo

- Defina la eficacia del algoritmo en función del orden de las entradas que utilizará para obtener la salida esperada

- Evaluar y comprender la arquitectura del ordenador y los dispositivos utilizados para ejecutar el algoritmo

Comprender el algoritmo básico que potencia la vida digitalmente

Los algoritmos ordenan a la máquina que ejecute un conjunto de instrucciones para obtener la solución. Estos algoritmos son la base de toda la tecnología. El algoritmo puede utilizarse para resolver cualquier tipo de problema, como comprimir un archivo, determinar las páginas de Internet que tienen más relevancia para su búsqueda u ordenar una lista. Un algoritmo puede utilizarse para determinar la forma en que debe funcionar un semáforo, la forma en que los servicios postales o cualquier otro servicio de mensajería pueden entregar el correo, y mucho más.

Hoy en día, un niño necesita aprender algo más que a utilizar la tecnología. Deben explorar los diferentes algoritmos que alimentan la televisión en casa o sus teléfonos. También deben aprender más sobre los algoritmos que se utilizan en los diferentes sitios web de las redes sociales. Esto les ayudará a mejorar sus habilidades de programación y a trabajar en la creación de nuevas tecnologías.

Beneficios del pensamiento algorítmico

Es extremadamente importante aprender más sobre algoritmos, especialmente cuando se escribe código para resolver problemas matemáticos y científicos difíciles. Puede resolver cualquier problema científico o matemático si piensa con claridad. Este tipo de pensamiento se conoce como pensamiento algorítmico. Es posible que haya utilizado el pensamiento algorítmico para resolver muchos problemas. Por ejemplo, cuando intenta sumar dos números, piensa en el valor del primer número y en el del segundo. A continuación, piensa en dónde almacenar la suma de los dos números y cómo sumar esos números. Este es un ejemplo muy sencillo de pensamiento algorítmico.

Otro ejemplo puede ser resolver un problema de división larga. Usted aplica el algoritmo para dividir cada dígito del número con un divisor. Para cada dígito del número que se divide, debe multiplicar, restar y dividir. Es más fácil dividir un problema en problemas más pequeños mediante el pensamiento algorítmico. También se buscan soluciones basadas en el tipo de problema que se está viendo.

La codificación es un arte, y es importante aprender a hacerlo ya que mejora su capacidad de pensamiento. Busque diferentes ejercicios y rompecabezas que puedan ayudarle a mejorar su forma de pensar. Elija aquellos ejercicios y rompecabezas que le permitan comprender mejor la lógica condicional, la secuenciación y la repetición.

Puede escribir su propio algoritmo

Si sus rutinas matutinas son largas, puede optar por crear una tarea más sencilla para usted. Márquese pequeños objetivos en el algoritmo y olvídese de las tareas generales que tenga que realizar. Pronto aprenderá algunos conceptos importantes de los algoritmos, como la repetición (cepillar la fila inferior de dientes cuatro veces), la secuenciación (poner los cereales en el bol y luego verter la leche) y la lógica condicional (no comer si el bol está vacío).

Si quiere mejorar en la escritura de algoritmos, añada algunos retos más para usted. Un ordenador no entiende las intenciones que hay detrás de sus instrucciones a menos que usted las mencione explícitamente. Por ejemplo, le enseñará a su hijo a añadir leche al bol de cereales sólo después de colocar el bol de leche delante de él. Si no lo hace, la leche estará por toda la mesa. Lo mismo ocurre con las máquinas: si sus instrucciones no son claras, nunca obtendrá el resultado deseado.

En su clase de aritmética, habrá aprendido sobre los números primos y cómo determinar si un número es primo. ¿Puede hacerlo con un número como 123459734? No puede, a menos que realice varios cálculos. Resulta más fácil ejecutar un programa que lo haga por usted, pero el código sólo funcionará si su algoritmo es correcto.

Pros y contras

La mayoría de los programadores utilizan algoritmos para diseñar su enfoque de cualquier problema antes de escribir el código. Un algoritmo tiene sus ventajas, pero hay muchas desventajas en el uso de algoritmos. En esta sección se analizarán algunos de los pros y los contras de los algoritmos.

Pros

1. Los algoritmos permiten dividir o romper el problema en un segmento más pequeño, y esto facilita que un desarrollador o programador escriba este algoritmo en forma de programa dependiendo del tipo de lenguaje de programación que quiera utilizar

2. El procedimiento es preciso y definitivo

3. Un algoritmo es una representación paso a paso de la solución de cualquier problema. Esto significa que es fácil para cualquiera entender un algoritmo

4. Es fácil entender un algoritmo, y por lo tanto, le resulta más fácil identificar cualquier error en el código basado en el algoritmo que ha escrito

5. Como se ha mencionado anteriormente, los algoritmos no dependen del tipo de lenguaje de programación utilizado. Esto significa que son fáciles de entender para cualquiera, incluso si no tiene conocimientos de programación.

Cons

1. No se puede utilizar un algoritmo para explicar o representar un gran programa

2. Dado que los algoritmos no son programas informáticos, hay que hacer un esfuerzo adicional para desarrollar un programa informático

3. Se necesitará mucho tiempo para escribir algoritmos complejos

Capítulo 2

Tipos de algoritmos

En este capítulo se estudiarán algunos tipos de algoritmos y cómo pueden utilizarse mientras se escribe código. Los tipos de algoritmos incluyen:

1. Algoritmo de retroceso

2. Algoritmo de fuerza bruta

3. Algoritmo de división y conquista

4. Algoritmo de programación dinámica

5. Algoritmo codicioso

6. Algoritmo aleatorio

7. Algoritmo recursivo simple

Algoritmo de retroceso

Un algoritmo de retroceso no es muy fácil de utilizar, pero puede escribir un programa fácilmente si entiende el concepto. Entendamos este algoritmo con el siguiente ejemplo. Considere que tenemos un problema. Ahora, divida este problema en seis problemas más pequeños. Intente resolver primero los problemas más pequeños. Puede parecer que estas soluciones más pequeñas no resolverán el problema mayor. Entonces, ¿qué debería hacer en este caso?

Observe los subproblemas para identificar de qué subproblema depende el problema principal. Una vez hecho esto, podrá identificar la solución del problema mayor. El objetivo de este algoritmo es mirar el problema desde el principio si no puede resolver el problema principal. Cuando empiece con el primer subproblema y no pueda encontrar una solución, retroceda y vaya al principio. Intente encontrar una solución al problema.

Un ejemplo clásico de este algoritmo es el problema de las N Reinas. En este problema, debe encontrar la manera de sumar el máximo número de reinas en un tablero de ajedrez y asegurarse de que ninguna reina pueda atacar a otra en este tablero. Si quiere entenderlo más fácilmente, veamos este ejemplo utilizando cuatro reinas.

Si utiliza cuatro reinas, su resultado será una matriz binaria. Representará la posición de la reina en el tablero de ajedrez. Vamos a representar la posición utilizando 1s. La matriz de salida podría ser la siguiente para 4 reinas:

```
{ 0, 0, 0, 1}
{ 0, 0, 1, 0}
{ 0, 1, 0, 0}
{ 1, 0, 0, 0}
```

El objetivo de este problema es colocar una reina en diferentes columnas. Basándose en el resultado, usted sabe que debe empezar por la columna más a la izquierda del tablero. Cuando coloque la reina en una columna, debe comprobar si la posición choca con otras reinas del tablero. Si encuentra una posición que no choca con la posición de las otras reinas, puede marcar esa fila y columna como la solución. Si no encuentra la posición correcta, debe volver al principio y empezar de nuevo.

Puede escribir el algoritmo de la siguiente manera:

1. Coloque la reina en la columna más a la izquierda de su tablero de ajedrez

2. Si puede colocar las reinas en el tablero de ajedrez de forma que ninguna de ellas pueda atacarse mutuamente, devuelva el valor como verdadero

3. Debe comprobar y probar cada fila del tablero de ajedrez y realizar las siguientes actividades:

   a. Si coloca una reina en una fila y se asegura de que no hay enfrentamientos entre las reinas del tablero, escriba el número de fila y de columna en una matriz de soluciones. Utilizando esta matriz, vea si puede encontrar una solución

   b. Si coloca una reina en la posición en la que recibe una solución, puede devolver el algoritmo como verdadero

c. Si no, deberá eliminar el número de fila y columna de la matriz de solución y encontrar una nueva combinación

4. Si ha probado todas las filas y nada funciona, devuelva falso y vuelva al primer paso.

Algoritmo de fuerza bruta

Si utiliza este algoritmo, debe buscar todas las soluciones posibles hasta encontrar la solución óptima para cualquier problema. Este tipo de algoritmo se utilizará para encontrar la mejor solución una vez que compruebe todas las soluciones óptimas para un problema. Si encuentra una solución al problema, puede detener el algoritmo en ese momento y encontrar la solución a este problema. Un ejemplo clásico de este algoritmo es el algoritmo de coincidencia exacta de cadenas, en el que se intenta hacer coincidir una cadena en un texto.

Algoritmo de división y conquista

Como su nombre indica, el algoritmo "divide y vencerás" divide el problema en numerosos segmentos. A continuación, tiene que utilizar una función recursiva para resolver estos subproblemas y combinar las soluciones obtenidas para formar la solución del problema principal. Los algoritmos de fusión y de ordenación rápida son ejemplos de este algoritmo de dividir y conquistar. Veremos estos ejemplos en detalle más adelante en el libro.

El uso del enfoque algorítmico de "divide y vencerás" le da la oportunidad de resolver varios subproblemas al mismo tiempo utilizando el paralelismo. Puede hacerlo ya que los subproblemas son independientes. Esto significa que cualquier algoritmo que desarrolle utilizando la técnica de divide y vencerás puede ejecutarse en diferentes procesos y máquinas a la vez. Estos algoritmos utilizan la recursividad, y es por ello que la gestión de la memoria es de suma importancia.

Algoritmo de programación dinámica

El algoritmo de programación dinámica, también llamado algoritmo de optimización dinámica, utiliza la información pasada para definir la nueva solución. El uso de este algoritmo facilita la división de un problema complejo en subproblemas más pequeños. Es más fácil resolver los problemas más pequeños utilizando el algoritmo. Puede utilizar estos resultados para resolver el problema real. Los resultados de los subproblemas se almacenan en otras variables. Esto reduce el tiempo de ejecución del algoritmo. Considere el siguiente ejemplo de pseudocódigo utilizado para dar la serie de Fibonacci como salida.

```
Fibonacci (x)
Si x = 0
    Devuelve 0
Si no
    Anterior_Fibonacci =0,
Actual_Fibonacci = 1
    Repite n-1 veces
    Siguiente_Fibonacci =
Anterior_Fibonacci + Actual_Fibonacci
```

```
Anterior_Fibonacci = Actual_Fibonacci
Actual_Fibonacci = Nuevo_Fibonacci
Devuelve Actual_Fibonacci
```

En el ejemplo anterior, el valor base del código se fija en cero. Este problema está dividido en diferentes subproblemas, y puede almacenar los valores o los resultados de estos subproblemas en otras variables. Para ello, utilice el siguiente método:

1. Identifique la solución del problema y defina la estructura de la solución que quiere diseñar

2. Utilice la recursión para definir la solución

3. Resuelva el valor de la solución utilizando el modo ascendente.

4. Utilizando los resultados o la información del cálculo, desarrolle la solución óptima

Algoritmo codicioso

Utilizando el algoritmo codicioso, resulta más fácil dividir el problema en problemas más pequeños y encontrar la solución adecuada para estos subproblemas. A continuación, intentará encontrar la solución óptima para el problema principal. Dicho esto, no espere encontrar la solución óptima de un problema utilizando este algoritmo. Algunos ejemplos de este algoritmo son el problema de codificación Huffman y el de contar dinero.

Consideremos el primer ejemplo. En el problema de la codificación Huffman, usted trata de comprimir los datos sin perder ninguna información del conjunto que tiene. Esto significa que primero debe asignar valores a los diferentes caracteres de entrada. Si utiliza un lenguaje de programación para reproducir este algoritmo, la longitud del código variará en función de la frecuencia con la que utilice los caracteres de entrada para resolver el problema. Cada carácter que utilice tendrá un código más pequeño, pero la longitud del código depende de la frecuencia con la que utilice la variable o el carácter. A la hora de resolver este problema, debe tener en cuenta dos partes:

1. Desarrollo y creación del árbol de Huffman

2. Recorrer el árbol para encontrar la solución

Considere la cadena "YYYZXXYYZ". Si cuenta el número de caracteres de esta cadena, la mayor frecuencia es "Y", y el carácter con menor frecuencia es "Z". Cuando escriba el código utilizando cualquier lenguaje de programación, la menor cantidad de código será para Y y el mayor para Z. La complejidad de asignar el código para estos caracteres depende de la frecuencia de ese carácter.

Veamos ahora las variables de entrada y salida.

Entrada: Para este ejemplo, veamos una cadena que tiene diferentes caracteres, digamos "BCCBEBFFFFADCEFLLKLKKEEBFF"

Salida: Asignemos ahora el código para cada uno de estos caracteres:

```
Datos: F, Frecuencia: 7, Código: 01
```

```
Datos: L, Frecuencia: 3, Código: 0001
Datos: K, Frecuencia: 3, Código: 0000
Datos: C, Frecuencia: 3, Código: 101
Datos: B, Frecuencia: 4, Código: 100
Datos: D, Frecuencia: 1, Código: 110
Datos: E, Frecuencia: 4, Código: 001
```

Veamos ahora cómo se puede escribir el algoritmo para construir el árbol:

1. Declarar e inicializar una cadena que tiene diferentes caracteres.

2. Asigne códigos a cada uno de los caracteres de la cadena.

3. Construya el árbol de Huffman.

   a. Defina cada nodo del árbol en función del carácter, la frecuencia y el hijo derecho e izquierdo del nodo.

   b. Cree la lista de frecuencias y almacene la frecuencia de cada carácter en esa lista. La frecuencia debe asignarse a cero para los caracteres.

   c. Para cada carácter de la cadena, aumenta la frecuencia en la lista si está presente.

   d. Termina el bucle.

   e. Si la frecuencia es distinta de cero, entonces añada el carácter al nodo del árbol y asigne una prioridad al nodo como Q.

4. Si la lista de prioridades, Q, no está vacía, elimine el elemento de la lista y asígnelo al nodo de la izquierda. En caso contrario, asígnelo al nodo de la derecha.

5. Desplácese por el nodo para encontrar el código asignado al personaje.

6. Termina el algoritmo.

Si desea atravesar o moverse por el árbol, utilice la siguiente entrada:

1. El árbol Huffman y el nodo

2. El código asignado al nodo

La salida le dejará el carácter y el código asignado a ese carácter.

1. Si el hijo izquierdo del nodo es un valor nulo, entonces recorre el hijo derecho y asigna el código 1

2. Si el hijo izquierdo del nodo no es un valor nulo, entonces recorre ese hijo y asigna el código cero

3. Mostrar los caracteres con su código actual

Algoritmo aleatorio

Si se utiliza un algoritmo aleatorio, se utiliza un número aleatorio para tomar decisiones. Estas decisiones se usan para resolver algunos algoritmos. Un ejemplo de este tipo de algoritmo lo veremos más adelante en el libro.

Algoritmo recursivo simple

Utilizando un simple algoritmo recursivo, puede resolver diferentes problemas fácilmente. Este algoritmo se utiliza a menudo junto con otros algoritmos. Un algoritmo recursivo simple recurre utilizando un valor de entrada menor cada vez que comienza. En este tipo de algoritmo, es necesario establecer un valor base que indicará al sistema que el algoritmo debe terminar. Un algoritmo recursivo simple suele utilizarse para resolver cualquier problema siempre que pueda dividirse en trozos o segmentos más pequeños. Tenga en cuenta que estos segmentos también deben ser del mismo tipo. Veamos cómo se puede utilizar este algoritmo para calcular el factorial de un número. Considere el siguiente pseudocódigo:

```
Factorial(número)
Si el número es 0
        Devolución 1
Si no
        Devuelve (número*Factorial(número - 1)
```

El valor base utilizado en el código anterior es cero. Esto indica que el algoritmo no seguirá funcionando si el valor de salida es cero. Si observa la última sección del algoritmo, se dará cuenta de que el problema se divide en segmentos más pequeños para resolverlo.

Capítulo 3

La descripción de los algoritmos

Es importante describir los algoritmos de forma eficaz, ya que es la única forma de resolver el problema. En el capítulo anterior, vimos diferentes algoritmos que debería considerar y cómo utilizarlos para resolver problemas. La mayoría de los tipos que analizamos en el capítulo anterior rompían el problema en segmentos más pequeños, lo que facilitaba la resolución del problema real. Asegúrese de utilizar el algoritmo que mejor le funcione. Este algoritmo también debería requerir un mínimo o ningún cambio en las estructuras de datos del programa. Por ejemplo, si utiliza el algoritmo de ordenación de burbujas, asegúrese de almacenar la información que necesita utilizar en una matriz u otra estructura de datos. A continuación, deberá utilizar las operaciones de comparación e intercambio para actualizar los datos. Veremos el algoritmo de ordenación por burbujas con más detalle más adelante en el libro.

Si quiere utilizar estructuras de datos, describa bien la estructura para que sea más fácil construirla. Por ejemplo, el uso del algoritmo de ordenación por fusión facilita la comparación de la información del conjunto de datos más rápidamente que el algoritmo de ordenación rápida. El algoritmo de ordenación por fusión sólo tiene algunos errores cuando se compara con el algoritmo de ordenación rápida. Sin embargo, tendrá que utilizar una estructura de datos de lista enlazada si quiere ordenar esta información fácilmente. Esta estructura de datos mejorará el rendimiento del algoritmo.

Asegúrese de incluir toda la información necesaria cuando utilice un algoritmo de ordenación por fusión. Estas instrucciones deben incluir la comprobación de errores, el manejo de errores y la manipulación de punteros. Cuando describa cualquier algoritmo, debe prestar atención a lo abstracto que quiere que sea el algoritmo. Es imposible describir todo en el algoritmo en detalle, pero debe hacerlo cuando escriba el código. Tampoco puede dejar el algoritmo en una caja negra. Si es un buen programador o conoce a alguien que construya el código adecuado para usted, puede decir simplemente: "Utilice la ordenación por burbujas". Sin embargo, es bueno explicar su algoritmo con el mayor detalle posible.

Debe tener en cuenta lo siguiente cuando añada detalles sobre el algoritmo que desea utilizar:

- ¿Cuál es la finalidad del algoritmo? ¿Realiza alguna función sobre el código o la información de los datos?

- ¿Hay estructuras de datos específicas que deba utilizar para manipular la información utilizada en el algoritmo?

- Mencione los pasos y añada detalles siempre que sea posible, para que cualquiera que lea el algoritmo sepa lo que hay que hacer

- Justificar la corrección del algoritmo

- Analizar la velocidad, el espacio, etc. utilizados por el algoritmo

También es importante describir el algoritmo en función de la audiencia y del objetivo. Si quiere utilizar un nuevo algoritmo para resolver un problema conocido, destaque la técnica que utiliza, la justificación de la corrección y el análisis de ese algoritmo. Debe mostrar cómo su algoritmo es mejor que el utilizado anteriormente. Si presenta o utiliza una nueva estructura de datos, mencione por qué quiere utilizarla y cómo piensa analizar el problema utilizando esa estructura.

Algunas herramientas que utiliza para demostrar la corrección del algoritmo le permitirán describirlo de una mejor manera. No debe ignorar esto por completo.

Capítulo 4

Manejo de errores

omo se ha mencionado anteriormente, es importante ver cómo se manejan los errores en cualquier algoritmo y código. Es sencillo entender este concepto. Todo lo que debe hacer es identificar las líneas de código que debe escribir para asegurar que se manejan los errores y las excepciones. Una de las cosas más fáciles de hacer es utilizar ciertas palabras clave, como null, para manejar los errores y las excepciones en su código. Es importante entender que los lenguajes de programación utilizan la palabra clave de forma diferente. Asegúrese de tener el código de manejo de errores adecuado, pero si el código oscurece la lógica, entonces no incluya el código de manejo de errores en su código principal. Estos son algunos consejos que debe tener en cuenta:

- Puede incluir la palabra clave "catch" en el código para identificar los errores, pero es importante utilizar la palabra clave en el lugar adecuado. También debe utilizar la palabra clave "try" para identificar el error en el código. Asegúrese de iniciar el código de gestión de errores con una declaración try-catch-finally mientras escribe el código

- Si añade una excepción al código, debe proporcionar al compilador información suficiente que le permita determinar la posición del error en el código. Cree un mensaje de error informativo y pase ese mensaje a la excepción. También es importante asegurarse de que la operación que realiza en el código no ha funcionado de la manera esperada

- En lugar de señalar al compilador un bloque de código de error en el programa, es mejor lanzar una excepción. Si no señala al compilador un código de error en el programa, debe indicarle que busque el problema en el código y lo depure. Si escribe el código, asegúrese de saber dónde ha añadido este código. Lance excepciones cuando haya un error en el código para evitar problemas con la depuración del código

Comprobación de excepciones

Desgraciadamente, los lenguajes de programación no enumeran las diferentes técnicas de manejo de excepciones y errores, pero debe hacer lo posible por ver cómo utilizar estas técnicas para manejar los errores en el código. También debe incluir estas técnicas de manejo de errores cuando escriba el algoritmo. Una excepción comprobada le permitirá asegurarse de que la firma de cada función o método utilizado en el código tendrá la lista de todas las excepciones que pasarán al llamador.

Es importante entender que el compilador no ejecutará el código si la firma no coincide. En el siguiente ejemplo, veremos cómo utilizar códigos de manejo de excepciones y errores en Java.

```
public void ioOperation(boolean
isResourceAvailable) throws IOException {
  if (!isResourceAvailable) {
    throw new IOException();
  }
}
```

Un problema con esta forma de excepción es que puede violar algunas reglas de los lenguajes de programación. Si puede lanzar cualquier excepción comprobada utilizando un método en el código y la captura está tres líneas por encima del código, declare una excepción en la firma del método. Esto significa que algunos bloques de código cambiarán debido al manejo de la excepción o a los bloques de código de manejo de errores.

Definir las excepciones

Es de suma importancia definir las excepciones en el código basándose en las necesidades de la función. Entonces, ¿cómo clasificará los errores? ¿Los clasificará en función de su tipo para saber si se debe a un fallo de la red, a un error de programación o a un fallo del dispositivo? ¿Los clasificará en función de su origen para saber de dónde proceden estos errores? ¿O clasificará los errores en función de cómo los identifica el compilador?

Algunos lenguajes de programación permiten convertir bloques de código existente en código de manejo de excepciones o errores. En el siguiente ejemplo, veremos cómo se puede hacer esto:

```
class LocalPort {
  private let innerPort: ACMEPort   func
open() throws {
    do {
      try innerPort.open()
    } catch let error as DeviceResponseError
{
      throw
PortDeviceFailure.portDeviceFailure(error:
error)
    } catch let error as
ATM1212UnlockedError {
      throw
PortDeviceFailure.portDeviceFailure(error:
error)
    } catch let error as GMXError {
      throw
PortDeviceFailure.portDeviceFailure(error:
error)
    }
  }
}
```

Patrones de casos especiales

Los lenguajes de programación también permiten crear o configurar un objeto para que se encargue de ciertos tipos de errores en el código. El cliente o el código principal no se ocupará de ningún comportamiento excepcional.

Ahora que hemos visto las diferentes formas de manejar el código, veamos el uso de la palabra clave null para manejar los errores.

Nulos

Si añade una palabra clave null en un método, el código que ha escrito será imposible de depurar. Es importante que evite hacer esto. Añadir valores nulos al código de gestión de errores aumenta el trabajo para usted. Si la salida es un valor nulo, tendrá que esforzarse por identificar en qué parte de su código apareció el valor nulo.

```
// No es un código ingenioso, pero coincide
con el del libro
func register(item: Item?) {
  if item != nil {
    let registry: ItemRegistry? =
persitentStore.getItemRegistry()
    if registry != nil {
      let existingItem =
registry.getItem(item.getId())
      if
existingItem.getBillingPeriod().hasRetailOwn
er()) {
        existingItem.register(item)
      }
    }
  }
}// More Swifty using guard statements.
func register(item: Item?) {
  guard let item = item,
      let registry =
persistentStore.getItemRegistry() else {
    return
```

```
    }
    let existingItem =
registry.getItem(item.getId())
    guard
existingItem.getBillingPeriod().hasRetailOwn
er() else {
        return
    }
    existingItem.register(item)
}
```

Mensajes de error comunes

Los programas simples son fáciles de compilar. Es posible que no tenga errores en el código si se ha ceñido al algoritmo y ha utilizado la variable correcta para codificar. Esto no debe hacer que se confíe demasiado, ya que no suele ser así. Como programador, pasará la mayor parte de su tiempo ocupándose de ciertos fallos en el programa que ha escrito. El proceso de arreglar los errores se llama depuración. En esta sección se estudiarán diferentes formas de manejar los errores en cualquier programa que haya escrito.

Edición y recompilación

Puede tener problemas de ortografía en su código. Esto puede no parecer un gran problema, pero el compilador arrojará un error si tiene palabras incorrectas en el código. Esto indica que debe revisar el código para corregir el error. No se preocupe por lidiar con demasiados errores ya que esta es la única manera de aprender. Deberá seguir los siguientes pasos para superar cualquier error en su código. Debe seguir los pasos indicados a continuación para volver a ejecutar el código.

- Reeditar el código fuente y guardar el archivo en el disco

- Recompilar el código

- Ejecutar el programa

Es posible que siga teniendo muchos errores al reeditar su código. No se preocupe ya que llegará al paso 3 una vez que identifique cómo trabajar y editar los errores en los programas.

Reeditar el código fuente

El archivo de código fuente que se crea puede modificarse tan a menudo como sea posible. La mayoría de las veces, estos cambios son necesarios para superar cualquier mensaje de error que surja durante la compilación. En ocasiones, es posible que desee modificar el código cambiando el mensaje que aparece en la pantalla o añadiendo alguna función.

Volver a compilar

En este paso, debe ejecutar el programa una vez más y compilarlo una vez que haya realizado cambios en el código. Enlazar el programa con el compilador. Como el código es diferente, debe enviar el código al compilador sólo después de enlazar el código. Si el compilador vuelve a arrojar un error, deberá repetir de nuevo el primer paso. Para recompilar el programa una vez más, introduzca el siguiente código en la línea de comandos para activar el compilador:

```
gcc hello.c -0 hello
```

Si no aparece ningún mensaje de error, dése una palmadita en la espalda. Ya no tiene errores en su código.

Cómo hacer frente a los errores

Cuando escriba código, es importante entender que aparecerán errores en el código. No se preocupe por estos errores, sino que aprenda de ellos para evitar volver a cometer los mismos errores. El compilador le ayuda a identificar la línea exacta del código donde hay un error, ayudándole así a deshacerse de él fácilmente. Considere el siguiente ejemplo:

```
#include <stdio.h>
int main()
{
printf("This program will err.\n")
return(0);
}
```

Puede guardar este código en su sistema y utilizarlo cuando escriba cualquier programa. Ahora, intente compilar el código y vea lo que ocurre. La salida será un error. Aquí tiene una muestra del mensaje de error que el compilador lanzará en su pantalla:

```
error.c: In function `main':
error.c:6: parse error before "return"
```

El mensaje de error le indicará dónde está el problema en su código. El mensaje es difícil de entender, pero tiene toda la información que necesita. Descompongamos la salida en trozos más pequeños para entender el mensaje de error:

- Dónde se ha producido el error. En este caso, el error se ha producido antes de la palabra return.

- El error se produce en la línea 5 del código

- El código con el error se guarda con el nombre de archivo error.c

- El tipo de error que se ha producido

Puede que no haya identificado el problema en el código, pero el compilador le da suficientes pruebas para ayudarle a identificar el error en el código. El error se encuentra en la quinta línea del código, pero desgraciadamente el compilador no lo identifica hasta que pasa a la sexta línea. También es importante entender el tipo de error cometido. Si hay un error de análisis o de sintaxis, significa que falta alguna puntuación del lenguaje y que dos líneas de código que no pueden ir juntas se están ejecutando. El problema aquí es que no hay un punto y coma al final de la quinta línea.

Edite el archivo de código fuente y solucione el problema. Cuando mire la línea número 6, no verá nada malo en el código y probablemente se preguntará dónde está el error. Una vez que le coja el truco, podrá identificar los errores fácilmente y hacer los cambios que sean necesarios. Realice los cambios necesarios en el código para solucionar los problemas y guarde este archivo como archivo de código fuente en su sistema.

Cuando empiece a trabajar en un programa, seguro que habrá errores. Puede que no sea capaz de identificar los errores inicialmente, pero con la práctica, podrá identificar los errores y depurar el programa en unos pocos minutos.

Capítulo 5

Análisis de los algoritmos

Es importante evaluar la complejidad del algoritmo. A la hora de analizar un algoritmo, utilice el aspecto asintótico para evaluarlo. Esto significa que observará cómo funcionan las funciones del algoritmo con grandes volúmenes de datos. Donald Knuth acuñó la frase "análisis de algoritmos".

La teoría de la complejidad computacional se basa en el análisis de los algoritmos. Se obtiene una estimación teórica de los recursos necesarios para realizar un algoritmo. De los capítulos anteriores, habrá aprendido que la entrada definida en cualquier algoritmo debe tener una longitud arbitraria. Si analiza cualquier algoritmo, debe observar el tiempo y el espacio en la memoria que necesita para su ejecución.

El tiempo de ejecución o la eficiencia de un algoritmo se indica como una variable de la función de complejidad temporal, y la memoria utilizada se indica como una variable de la función de complejidad espacial.

La importancia del análisis

Quizá se pregunte por qué debe analizar un algoritmo. Lo haremos utilizando un ejemplo de un problema que puede resolverse de múltiples maneras. Cuando considera un algoritmo para resolver un problema específico, puede desarrollar un patrón que le permitirá reconocer problemas similares que puede resolver utilizando este algoritmo.

Es importante entender la diferencia entre estos algoritmos ya que el objetivo de cada uno es el mismo. El tiempo y la memoria utilizados por cada algoritmo serán diferentes. Por ejemplo, si quiere ordenar una lista de números, sabe que puede utilizar un algoritmo de ordenación. Puede elegir entre diferentes algoritmos de ordenación y de búsqueda, y el tiempo empleado en la comparación será diferente para cada algoritmo. Esto significa que la complejidad temporal del algoritmo puede ser diferente. También debe considerar el espacio que el algoritmo ocupará en la memoria.

Es importante analizar el algoritmo para comprender la eficacia con la que puede resolver los problemas. Hay que tener en cuenta el tamaño de la memoria que utiliza el algoritmo para resolver un problema. Sin embargo, la principal preocupación de cualquier algoritmo es el rendimiento y el tiempo necesario para ejecutarlo. Realice las pruebas y los análisis que se indican a continuación para evaluar el rendimiento de un algoritmo:

- **El peor de los casos**: Debe utilizar el máximo número de pasos para obtener el resultado esperado para una entrada determinada

- **Amortizado**: Puede aplicar una secuencia de operaciones a la entrada durante un periodo de tiempo

- **Caso promedio**: Debe utilizar una media del número mínimo y máximo de pasos para obtener la salida deseada para una entrada determinada

- **El mejor de los casos**: Debe utilizar un número mínimo de pasos para obtener el resultado esperado para una entrada determinada

Para resolver cualquier problema, hay que tener en cuenta la complejidad espacial y temporal. El programa se ejecutará en un sistema con memoria limitada, pero hay espacio suficiente para almacenar los datos. Tenga en cuenta que lo contrario también será cierto en lo que respecta a los algoritmos. Si compara un algoritmo de ordenación por burbujas y uno de ordenación por fusión, verá que el primero necesitará más espacio para almacenar una variable. Dicho esto, un algoritmo de ordenación por burbujas tardará más tiempo que el algoritmo de ordenación por fusión. Esto significa que puede utilizar el algoritmo de ordenación por fusión para realizar una función de ordenación en un entorno en el que no tenga suficiente tiempo y el algoritmo de ordenación por burbujas si no tiene suficiente memoria.

Métodos de análisis

Para evaluar cómo se utiliza un algoritmo para medir el consumo de recursos, utilice las estrategias indicadas a continuación.

Análisis asintótico

Este tipo de análisis evalúa cómo se comportará el algoritmo si el tamaño de la entrada cambia constantemente. Ignoramos cualquier valor pequeño de la variable de entrada y sólo nos centramos en el valor mayor cuando realizamos este análisis. El algoritmo suele ser mejor si la tasa de crecimiento asintótica es muy lenta. Esto no es necesariamente cierto en todos los casos. La comparación de un algoritmo lineal y un algoritmo cuadrático le indica que el algoritmo lineal es asintóticamente mejor ya que no utiliza demasiadas variables para cumplir el objetivo.

Uso de ecuaciones de recurrencia

Se pueden utilizar diferentes ecuaciones de recurrencia para describir cómo funcionará un algoritmo con valores de entrada más pequeños. Esta forma de análisis se realiza para analizar y probar los algoritmos de divide y vencerás.

Supongamos lo siguiente:

- Función $T(n)$: se utiliza para definir el tiempo de ejecución en cualquier problema

- N: Tamaño de entrada del problema

Si el valor de n es pequeño y consistente en todos los subproblemas, la solución tardará un tiempo constante que se escribe como $\theta(1)$.

Supongamos también que tiene numerosos subproblemas en su algoritmo, y que el tamaño de entrada de esos problemas es n/b. Si

38

queremos resolver el problema, el algoritmo tardará el tiempo T(n/b) * a.

Para calcular el tiempo empleado, utilice la siguiente ecuación:

```
T(n)={θ(1)aT(nb)+D(n)+C(n)si n≤ de lo
contrario (n)={θ(1)si n≤caT(nb)+D(n)+C(n)
```

También puede resolver una relación de recurrencia utilizando los siguientes métodos:

- **Método del árbol de recursión**: Utilizando un árbol de decisión, puede ver el coste de cada método utilizado

- **Método de sustitución**: Cuando utilice este método, suponga un límite o rango y utilice la inducción matemática para determinar si su suposición es correcta

- **Teorema del maestro**: Esta técnica le permitirá identificar la complejidad de cualquier relación de recurrencia

Análisis amortizado

Este tipo de análisis suele realizarse en aquellos algoritmos con secuencias de opciones similares. Puede obtener un límite o rango del coste de ejecución de todo el algoritmo a través del análisis amortizado. No se especifica un rango o límite en las operaciones realizadas por separado. Este es un tipo de análisis muy diferente, pero este método se utiliza a menudo para analizar la eficiencia de un algoritmo y diseñar el propio algoritmo.

Método de los agregados

En este método, usted considera el problema y lo mira de forma holística. Supongamos que usted tiene n operaciones que se ejecutan cuando comienza un algoritmo, y el tiempo que tardan estas n operaciones es T(n). El coste amortizado es T(n)/n para cada operación del algoritmo, y la variable representa el peor caso.

Método contable

En el método contable, sólo se debe asignar un determinado coste o cargo a cualquier operación realizada en función del coste real de la misma. Si el coste real de la operación es inferior al coste amortizado, la diferencia es el crédito. Podrá utilizar este crédito posteriormente para pagar otras operaciones cuyo coste real sea mayor que el coste amortizado. Puede calcular el coste utilizando la siguiente fórmula:

$$\sum i=1ncl^{\wedge} \geqslant \sum i=1nci \sum i=1ncl^{\wedge} \geqslant \sum i=1nci$$

Método potencial

Este método representa el trabajo que el algoritmo ha completado en forma de energía potencial. Este método es como el de la contabilidad, pero aquí se observa el coste total del algoritmo en forma de su energía.

Supongamos lo siguiente:

- D_0 : indica la estructura de datos utilizada en el algoritmo

- N: indica el número de operaciones realizadas en un algoritmo

Si el coste de la operación es x y la estructura de datos para la i-ésima operación se representa como D_i , el coste amortizado para la i-ésima operación puede representarse como:

```
cl^=ci+Φ(Di)-Φ(Di-1)cl^=ci+Φ(Di)-Φ(Di-1)
```

Por lo tanto, el coste total amortizado es:

```
∑i=1ncl^=∑i=1n(ci+Φ(Di)-Φ(Di-
1))=∑i=1nci+Φ(Dn)-
Φ(D0)∑i=1ncl^=∑i=1n(ci+Φ(Di)-Φ(Di-
1))=∑i=1nci+Φ(Dn)-Φ(D0)
```

Tabla dinámica

Si ejecuta un algoritmo en un sistema, es posible que no tenga suficiente memoria para almacenar las variables de entrada y salida. En estos casos, puede que tenga que eliminar algunos datos del algoritmo y trasladarlos a una tabla grande. También puede eliminar la información de esta tabla o sustituir los datos cuando sea necesario. Puede reasignar los datos para trasladarlos a una tabla más pequeña. Puede calcular el coste de la inserción y eliminación constante de registros de una tabla y determinar si supera un determinado umbral que tenga en mente mediante un análisis amortizado.

Complejidades espaciales

Como se ha mencionado anteriormente, todo algoritmo ocupará algo de espacio en la memoria, especialmente durante la ejecución. Esta sección estudiará cómo puede tratar los cálculos complejos que le ayudarán a evaluar el espacio que requiere cualquier algoritmo.

La complejidad espacial es como la complejidad temporal y le permite resolver diferentes problemas de clasificación de algoritmos en función de las dificultades de cálculo.

Es importante observar la función de complejidad del espacio cuando se analiza un algoritmo. Esta función determina el espacio que utiliza el algoritmo cuando se ejecuta. Este espacio puede estar ocupado por la variable de entrada, temporal o de salida utilizada en el algoritmo. Cuando diseñe algoritmos, debe pensar en la memoria adicional que necesita para almacenar la salida y la entrada. La mayoría de los programadores se olvidan de esta última.

Utilice variables de longitud fija para medir estas variables de entrada. Puede utilizar un número definido de enteros o bytes para describir la memoria. Cualquier función que defina para hacer esto va a ser independiente del espacio de memoria real. La gente suele ignorar la complejidad espacial, pero olvida que ésta es tan importante como la complejidad temporal, ya que el programa no funcionará bien si no hay espacio en su memoria.

Entender la recursión

Hemos visto un algoritmo recursivo simple anteriormente en el libro, pero ¿qué sabe usted sobre la recursión? En esta sección veremos un algoritmo recursivo y le daremos alguna información que le ayudará a identificar fácilmente este tipo de algoritmos.

Cualquier función recursiva es una caja negra. Usted sólo sabe lo que hace la función pero no lo que ocurre exactamente. Esto significa que sólo ve lo que se espera que vea. Por ejemplo, si quiere utilizar una función en la que ordena los elementos de una matriz, puede describirla de la siguiente manera: 'Utiliza el algoritmo de ordenación por fusión para ordenar los elementos de una matriz en orden ascendente utilizando otra matriz'.

También es bueno dividir este algoritmo en problemas más pequeños y resolverlos antes de ver el problema mayor. Por ejemplo, puede decir que la máquina tiene que ordenar los elementos de una matriz de forma independiente y luego pasarlos a otra matriz. O puede dividir la matriz y ordenar los elementos de la misma antes de combinarlos todos en una sola matriz.

Puede utilizar la misma descripción y aplicarla a cualquier algoritmo de ordenación, incluyendo la ordenación por fusión y la ordenación rápida. La única diferencia entre estos algoritmos es la forma en que se dividen y ordenan los datos. La ordenación rápida utiliza métodos de partición complejos y técnicas de fusión simples, mientras que la ordenación por fusión es lo contrario.

También es importante describir las condiciones de contorno cuando se utiliza un algoritmo recursivo para detener la recursión. Siguiendo con el ejemplo anterior, al dividir el array en secuencias, puede tener algunos arrays más pequeñas con sólo uno o dos elementos en ellos. No tiene que ordenar un array de este tipo. Cuando utiliza el algoritmo de ordenación por inserción, utiliza el algoritmo de dividir y conquistar para romper la secuencia en secuencias más pequeñas y luego ordenar los elementos de esas secuencias antes de combinar toda la lista.

Debe recordar explicar el algoritmo cuando hable de su visión general. Sólo así podrá determinar las funciones y métodos a utilizar. Independientemente de la estrategia algorítmica que quiera utilizar, debe proporcionar alguna descripción. Además, explique por qué ha decidido utilizar este método en lugar de los otros.

Capítulo 6

Una introducción a
los programas de escritura

C omo alguien nuevo en la programación, debe tener en cuenta algunos puntos antes de convertir un algoritmo en un programa. Este capítulo le introduce en estos conceptos y le explica cómo se puede trabajar con diferentes operadores y tipos de datos para realizar funciones.

Principios de programación

Los programadores suelen escribir código para proyectos o tareas específicas. Por lo tanto, tienden a escribir un código que ellos o alguien que sepa codificar entenderá. Puede haber ocasiones en las que el programador no entienda lo que ha escrito debido a un cambio en su estilo de escritura. Así que, cuando revise el código, ¿no sería más fácil leer algo fácil de entender?

A continuación, se exponen algunos principios a tener en cuenta a la hora de escribir programas. Lo mejor es tener en cuenta estos puntos para asegurarse de que escribe un código de alta calidad.

Convenciones de nomenclatura

Es muy importante atenerse a este principio cuando se escribe código. Debe nombrar las funciones, los métodos y las variables correctamente para asegurarse de que no haya errores en el código.

Supongamos que un nuevo programador está revisando su código. La persona debe encontrar las variables y entender su función mirando su código. Nombre las variables basándose en el dominio y la funcionalidad del método o proyecto. También es importante utilizar la palabra "es" como prefijo de una variable booleana.

Por ejemplo, si está trabajando en una aplicación para que un banco se ocupe de los pagos, puede utilizar las siguientes variables:

```
double totalBalance; // Representa el saldo
de la cuenta del usuario
double amountToDebit; // Representa el
importe a cobrar al usuario
double amountToCredit; // Representa la
cantidad a entregar al usuario
boolean isUserActive;
```

Respete las siguientes convenciones de nomenclatura:

- Debe utilizar la letra de caja camello para etiquetar las estructuras de datos y las variables. Por ejemplo,

```
int integerArray[] = new int[10];
String merchantName = "Perry Mason";
```

- Utilizar el caso de la serpiente gritona para etiquetar las constantes. Por ejemplo,

```
final long int NÚMERO_CUENTA = 123456;
```

Estructura de los archivos

El codificador debe mantener la estructura del proyecto. Será fácil entender el código si se mantiene la estructura. La estructura es muy diferente para distintos tipos de aplicaciones. Sin embargo, la idea seguirá siendo la misma. Por ejemplo,

Mirando las funciones y los métodos

Si utiliza los métodos y funciones adecuados en su código, será un experto en programación. Cíñase a las siguientes reglas a la hora de nombrar las funciones:

- Utilice la letra de caja camello para nombrar una función o un método

- El nombre del método debe estar en la misma línea que el paréntesis de apertura del método

- Nombrar funciones utilizando un sonido no verbal

- Asegúrese de que las funciones sólo utilizan uno o dos argumentos como máximo

```
Por ejemplo,
double getUserBalance(long int
accountNumber) {
// Definición del método
}
```

Indentación

Si quiere utilizar clases abstractas o escribir algunas líneas fuera de un método, indica que quiere anidar el código. Si no ha escrito el código, resulta complicado entender qué va dónde. Es difícil trabajar con ese código porque nunca se sabe dónde termina algo a menos que se utilice la indentación. Por lo tanto, debe atenerse a la sangría. Esto significa que debe utilizar los paréntesis en el lugar correcto.

Evite la autoexplicación

Como programador, se espera que escriba comentarios en su código. Debe explicar lo que se espera que haga un método o función. No escriba comentarios autoexplicativos porque eso es inútil y no añade ningún valor al código. Es importante escribir un código que todo el mundo entienda. Por ejemplo,

```
final double PI = 3.14; // Este es el valor
de pi //
```

¿Cree que la afirmación anterior necesita un comentario? No lo necesita porque dice que la variable contiene el valor de Pi, y esto se explica por sí mismo.

KISS

KISS es un acrónimo de Keep It Simple Silly (Manténgalo Simple, Tonto). La Marina estadounidense acuñó este principio en 1960. Este principio establece que cualquier sistema que desarrolle debe mantenerse siempre lo más simple posible. Evite añadir complejidades innecesarias al código. La pregunta que debe hacerse mientras escribe el código es: "¿Se puede escribir este código de una forma mejor y más sencilla?". Sólo así el código será legible y fácil de entender para cualquiera.

DRY

DRY es un acrónimo de "Don't Repeat Yourself" (no se repita), y esto es como el principio anterior. Asegúrese de que el código que escribe no es ambiguo. El compilador no debe perder demasiado tiempo intentando descifrarlo. Sólo así podrá evitar repetir sus líneas de código para ayudar al compilador a entender lo que quiere que haga.

YAGNI

Según el principio YAGNI (You Aren't Gonna Need It), cualquier función y operación debe añadirse al código sólo si es necesaria. Se trata de una parte de la metodología de programación extrema en la que puede optar por mejorar el código que escribe ciñéndose sólo a lo más necesario. Utilice este principio junto con las pruebas unitarias, la integración y la refactorización.

Registro

Escribir código no significa que el código esté bien escrito o que vaya a compilar con éxito. Tendrá que depurar el código y probarlo para asegurarse de que se ejecuta sin problemas. Si tiene programas grandes, le llevará más tiempo depurar. Por lo tanto, necesita romper el código y luego probarlo. Cuando pruebe un segmento de código, cree un registro. Cuando escriba una declaración de registro, puede utilizar esas declaraciones para ayudarle a depurar el código. Es una buena idea escribir una declaración de registro en una función. Dado que la mayor parte del procesamiento se realiza sólo a través de una función o método, es mejor escribir la declaración de registro para entender si la función es un éxito o un fracaso.

Objetos y clases

Clases

Una clase es un plano, y se puede crear un objeto a partir de la clase. Una clase tiene uno de estos tipos de variables:

- Clase - Se declaran en una clase y fuera de un método utilizando la palabra clave static.

- Variables de clase - Las variables de clase se declaran en las clases, no dentro de ningún método, utilizando la palabra clave static.

- Variables locales- Estas variables se definen dentro de un bloque, método o constructor y por eso se llaman variables locales. Debe declarar esta variable en la clase e inicializarla en el método. Una vez que el método se ejecute completamente, se eliminará de la memoria del ordenador

- Instancia - Es una variable que se ha definido dentro de una clase pero fuera de un método. Se inicializan en el momento de la instanciación de la clase, y se puede acceder a ellas desde dentro de un método, bloque o constructor de la clase.

Las clases pueden tener varios métodos para acceder a los valores de diferentes métodos. En el caso de una persona, comer() es un método.

Objetos

Los objetos están presentes a su alrededor. Entre ellos están los perros, los humanos, los edificios, las casas, etc. Cada objeto tiene sus propias características, comportamiento y estado. Por ejemplo, considere un perro. Algunas de sus características y estados incluyen el nombre, el color, la raza, etc. , mientras que sus comportamientos incluyen correr, ladrar y mover la cola. Observe un objeto de software de forma similar. Verá que no hay demasiada diferencia entre ambos. Cada objeto de software también tiene su propio estado y comportamiento. El estado se almacena en un campo, y un método indica el comportamiento.

Creación de objetos

Como se ha mencionado anteriormente, un objeto proviene de la clase, y puede utilizar la palabra clave new para describir el objeto en la clase. Siga los siguiente pasos para crear un objeto:

- **Declaración**: Declarar una variable con un nombre y definir el tipo de objeto en el código

- **Instanciación:** Utilizamos la palabra clave new para crear un objeto

- **Inicialización**: Una llamada a un constructor sigue a la palabra clave new, y esto inicializará el objeto

Si quiere acceder a un método o variable de instancia, debe crear un objeto. Utilice la siguiente ruta para la variable de instancia:

```
/* Primero cree el objeto */
ObjectReference = new Constructor();
/* Ahora llame a la variable así */
ObjectReference.variableName;
/* Ahora puede llamar al método de la clase
así */
ObjectReference.MethodName();
```

Constructores

Un constructor es una parte muy importante de una clase. Todas las clases tienen uno, y si no escribimos uno para nuestra clase, Java proporcionará un constructor por defecto. Cuando se crea un nuevo objeto en una clase, el compilador invoca automáticamente el constructor. La regla principal para un constructor es que debe tener un nombre idéntico al de la clase, y una clase puede tener más de un constructor.

Todos los lenguajes de programación le permiten utilizar una clase singleton, y puede utilizarlas para crear una sola instancia de una clase.

Cómo declarar los archivos fuente

Es importante entender las reglas de los archivos fuente, especialmente cuando se declara una clase en el código. Es importante evaluar la declaración de importación y la declaración de paquete en un archivo fuente.

- Un archivo fuente puede tener tantas clases no públicas como desee

- En una clase que ha sido definida en un paquete, la primera declaración en el archivo fuente debe ser la declaración del paquete

- Sólo puede tener una clase pública en cualquier archivo fuente

- Si se incluyen, las declaraciones de importación deben escribirse entre la declaración de la clase y la declaración del paquete. Si no hay declaración de paquete, la declaración de importación será la primera línea del archivo fuente

- El archivo fuente y la clase pública deben tener el mismo nombre, con el nombre del archivo anexado con la extensión del lenguaje de programación

- Las declaraciones de paquete e importación implican a todas las clases que están presentes en el archivo fuente. No se pueden declarar diferentes o diferentes clases

Un paquete es una categorización de la clase y la interfaz - esto debe hacerse cuando se está programando, sólo para facilitar la vida.

La declaración de importación proporciona la ubicación correcta para que el compilador encuentre una clase específica.

Tipos de datos

Los datos son una representación de diversas instrucciones, conceptos y hechos. Esta información tiene un formato específico y puede ser utilizada para su interpretación, comunicación o procesamiento por la máquina. Para representar estos datos se utilizan caracteres especiales y grupos de otros caracteres.

Cualquier dato clasificado u organizado se conoce como información. La información son datos procesados, y toda decisión o acción se basa en esta información. Esta información tendrá algún significado, que es lo que busca el receptor. Para que la decisión que se tome tenga sentido, los datos procesados deben cumplir los siguientes criterios:

- Integridad: La información debe tener todos los parámetros y datos

- Exactitud: La información debe ser siempre exacta

- Oportunidad: La información debe estar siempre disponible cuando se requiera

Ciclo de procesamiento de datos

El procesamiento de datos implica la reordenación o la reestructuración de los datos por parte de la máquina. Esto ayudará a aumentar el uso de los datos y a añadir valor a su propósito. Hay tres pasos que constituyen el ciclo de procesamiento de datos:

Entrada

En este paso, los datos se introducen en la máquina, y hay que preparar los datos de entrada y cambiarlos a una forma que la máquina pueda leer fácilmente. La estructura que deberá utilizar depende del tipo de máquina que se utilice. Por ejemplo, cuando se utilizan ordenadores electrónicos, puede grabar los datos de entrada utilizando diferentes tipos de soportes como discos magnéticos, pen drives, cintas, etc.

Procesamiento

En este paso, los datos del paso anterior se reestructuran para producir información o datos que puedan ser más útiles. Por ejemplo, se calcula una nómina en base a las tarjetas de tiempo o al número de horas que las personas pasan en el trabajo. Del mismo modo, el resumen de las ventas puede calcularse a partir de los pedidos de venta.

Salida

Este es el último paso del ciclo de procesamiento, y en él se recogen los datos del paso anterior. Puede decidir cuál debe ser el formato de los datos en función de su uso.

Una variable es un lugar reservado en la memoria que se utiliza para almacenar valores. Cuando se crea una nueva variable, se reserva automáticamente ese espacio en la memoria. La cantidad de memoria viene determinada por el tipo de la variable: el sistema operativo asigna la memoria y determina lo que puede almacenarse en ella. Puede almacenar decimales, enteros o caracteres asignando un tipo diferente a una variable. Todo lenguaje de programación tiene dos tipos de datos principales:

- Primitivo

- Referencia u objeto

Primitivo

La mayoría de los lenguajes de programación de alto nivel contienen ocho tipos de datos primitivos. Estos están predefinidos por el lenguaje y se nombran con una palabra clave. Los ocho tipos son:

int

El int tiene un valor por defecto de cero, un valor máximo de 2.147.483.647, mientras que el mínimo es -2147.483.647. Normalmente se utiliza como tipo por defecto para los valores integrales, a menos que la memoria sea escasa.

long

El long tiene un valor por defecto de 0L, con un valor máximo de 9, 223,372,036,854,775,808 y mínimo de - 9,223,372,036,854,775,807. Se utiliza cuando se necesita un alcance mayor que el que proporciona el int.

float

El flotador tiene un valor por defecto de 0,0f y se utiliza generalmente para ahorrar algo de memoria cuando se tienen matrices grandes que contienen números de punto flotante. Nunca se utiliza cuando se necesita un valor preciso, como en el caso de la moneda.

double

El double tiene un valor por defecto de 0,0d. Se utiliza normalmente como tipo de valor decimal y nunca debe utilizarse para ningún valor que sea preciso, como la moneda.

byte

Un byte es un tipo de datos con un valor por defecto de 0. El valor mínimo es -128, mientras que el máximo es 127. Se utiliza para ahorrar espacio en las matrices más grandes, normalmente en lugar de un entero, porque un entero es cuatro veces mayor que el byte.

short

Un short es un tipo de datos con un valor por defecto de 0. El valor mínimo es -32.768, mientras que el máximo es 32.767. También se puede utilizar para guardar la memoria como un tipo de datos de bytes. El entero es dos veces mayor que el short.

boolean

El booleano se utiliza para representar una única información y sólo tiene dos valores: verdadero o falso. Se utiliza cuando se necesita hacer un seguimiento de las condiciones de verdadero o falso. Su valor por defecto es falso.

char

El tipo de datos char puede utilizarse para el almacenamiento de cualquier carácter

Tipos de datos de referencia

Utilizamos los constructores para crear variables de referencia. La variable de referencia se utiliza para acceder a un objeto y se declara como tipos específicos conocidos como inmutables. Esto significa que no pueden ser modificadas una vez declaradas. Los objetos de referencia incluyen objetos de clase y una variedad de variables de matriz. El valor por defecto de cualquier variable de referencia es null, y puede utilizarse para referirse a otros objetos.

Literales

Los literales son una representación en código fuente de valores fijos representados en el código directamente sin necesidad de ningún cálculo. Puede asignar un literal como tipo de dato primitivo de la siguiente manera:

```
byte a = 67;
char a = 'A'
```

También puede expresar int, byte, short y long en sistemas numéricos octales, decimales o hexadecimales. Debemos incluir 'o' antes del número para indicar el sistema octal y '0x' para indicar el sistema hexadecimal. Por ejemplo:

```
int decimal = 100;
int octal = 0144;
int hexa = 0x64;
```

Los literales de cadena se especifican en el código, de forma similar a como se especifican en otros lenguajes. Se trata de una secuencia de caracteres encerrada en un conjunto de comillas dobles. Algunos lenguajes de programación permiten utilizar los literales char y string con secuencias de escape. Las siguientes son algunas de las que se pueden utilizar:

Secuencia de escape	Representación
\n	Nueva linea
\r	Retorno del carro
\f	Alimentación de formularios
\b	Retroceso
\s	Espacio
\t	Tab
\"	Cita doble
\'	Cita única
\\	Barra invertida
\N - La vida de los niños.	Carácter octal
\uxxxx	

Operaciones

Se pueden utilizar diferentes operadores para manipular datos y variables en cualquier código. En esta sección, veremos diferentes operadores y sus funciones.

Lógica

Operador	Descripción
&& (lógica y)	evalúa verdadero si ambos operandos son valores distintos de cero
|| (o lógico)	evalúa verdadero si cualquiera de los dos operandos es distinto de cero
! (lógico no)	evalúa falso si una condición es verdadera porque invierte el estado lógico del operando

Aritmética

Se utilizan para las expresiones matemáticas de forma muy parecida a como se utilizaban los mismos símbolos en la escuela:

Operador	Descripción
+	Adición para sumar valores a la izquierda o a la derecha del operador
-	Sustracción para restar el operando derecho

	del izquierdo
*	Multiplicación para multiplicar valores a la izquierda o a la derecha del operador
/	División para dividir el operando izquierdo entre el operando derecho
%	Módulo, el resto de la división del operando izquierdo por el operando derecho
++	Incremento, para aumentar un valor del operando en 1
--	Decremento, para disminuir el valor de un operando en 1

Asignación

Operador	Descripción
=	asigna el valor del operando derecho al izquierdo
+=	suma el valor del operando derecho al izquierdo y asigna el resultado al izquierdo
-=	resta el derecho del operando izquierdo y asigna el resultado a la izquierda

*=	multiplica el derecho con el operando izquierdo y asigna el resultado a la izquierda
/=	divide el operando izquierdo con el derecho y asigna el resultado a la izquierda
%=	toma el módulo de dos operandos y asigna el resultado a la izquierda
<<=	desplazamiento a la izquierda y asignación
>>=	turno de la derecha y asignación

Relativo

Existen varios operadores relacionales en un lenguaje de programación:

Operador	Descripción
== (igual a)	comprueba si los valores de los operandos son iguales; evalúa verdadero si lo son
!= (no igual a)	comprueba si los valores de los operandos son iguales; evalúa verdadero en caso contrario
> (mayor que)	comprueba si el operando de la izquierda es mayor que el de la derecha; evalúa verdadero

	si lo es
< (menos que)	comprueba si el operando de la izquierda es menor que el de la derecha; evalúa verdadero si lo es
>= (mayor o igual que)	comprueba si el operando de la izquierda es mayor o igual que el de la derecha; evalúa verdadero si lo es
<= (menor o igual que)	comprueba si el operando de la izquierda es menor o igual que el de la derecha; evalúa verdadero si lo es

Precedencia del operador

Todos los lenguajes de programación tienen una precedencia de operadores para determinar cómo se evalúan las expresiones mirando sus variables. Algunos operadores tienen mayor precedencia que otros, como la multiplicación sobre la suma. Por ejemplo:

```
x = 6 + 2 * 3
```

Aquí, si se calcula el valor de x, se puede decir 24. Como la multiplicación está más arriba en el orden de precedencia, el procesador o compilador lo calculará como 2*3 y luego sumará el 6. Aquí, los operadores están en orden de precedencia de mayor a menor.

En cualquier expresión, los operadores con mayor precedencia serán los primeros en ser evaluados:

Categoría	Operador	Asociatividad
Postfix	>() [] . (operador de puntos)	De izquierda a derecha
Unario	¡>++ - - ! ~	De derecha a izquierda
Multiplicativo	>* /	De izquierda a derecha
Aditivo	>+ -	De izquierda a derecha
Shift	>>> >>> <<	De izquierda a derecha
Relacional	>> >= < <=	De izquierda a derecha
Igualdad	>== !=	De izquierda a derecha
Y lógico	>&&	De izquierda a derecha
O lógico	>||	De izquierda a derecha
Condicional	?:	De derecha a izquierda
Asignación	>= += -= *= /= %= >>= <<= &= ^= |=	De derecha a izquierda

Capítulo 7

Tipos de lenguajes de programación

Existen muchos lenguajes de programación, y muchos se están desarrollando para servir a diferentes propósitos. Algunos ejemplos son R y Python. Estos lenguajes se están desarrollando con el fin de realizar análisis de datos. Dado que existen diferentes lenguajes de programación disponibles para su uso, es importante entender los pros y los contras del lenguaje y sus características. Se pueden clasificar los lenguajes de programación en diferentes tipos en función del estilo de programación que se quiera utilizar. Cada año se implementan múltiples lenguajes de programación, pero sólo algunos de ellos son populares ahora. Los programadores profesionales los utilizan en sus carreras.

Puede utilizar los lenguajes de programación para controlar el rendimiento de la máquina y del ordenador. Como se ha mencionado anteriormente, cada lenguaje de programación es diferente, y en este capítulo veremos los diferentes tipos de lenguajes de programación. Basándose en la información de este capítulo, podrá determinar el tipo de lenguaje de programación que puede utilizar.

Definición

Antes de ver los diferentes tipos de lenguajes de programación, entendamos qué es un lenguaje de programación. Un lenguaje de programación es el que se utiliza para instruir a una máquina u ordenador para que realice funciones específicas. Algunos programadores llaman a estos lenguajes notaciones. Estos lenguajes se utilizan para expresar algoritmos y controlar el rendimiento de una máquina.

Es por ello que se puede escribir un algoritmo utilizando diferentes lenguajes de programación. Hay cerca de mil lenguajes de programación desarrollados, y algunos se utilizan con más frecuencia que otros. Estos lenguajes pueden tener una forma imperativa o declarativa, en función de cómo se utilice el lenguaje. También se puede dividir el programa en dos formas: sintaxis y semántica.

Tipos de lenguajes de programación

En esta sección, veremos los diferentes tipos de lenguajes de programación. Todos los lenguajes de programación entrarán en una de estas categorías.

Lenguaje de programación procedimental

Este tipo de lenguaje de programación suele ser utilizado por los programadores que utilizan un algoritmo y definen la secuencia de instrucciones o declaraciones que utilizan para dar instrucciones a la máquina. Este tipo de lenguaje utiliza bucles pesados, múltiples variables y algunos otros elementos. Por esta razón, este lenguaje es diferente del siguiente tipo de lenguaje de programación: el lenguaje de programación funcional. Un lenguaje de programación procedimental puede utilizarse para controlar variables que dependen de los valores devueltos por un método o función. Por ejemplo, las sintaxis y declaraciones de este tipo de lenguaje pueden utilizarse para imprimir información.

Lenguaje de programación funcional

Un lenguaje de programación funcional depende de cualquier dato o información almacenada en el ordenador, y utiliza funciones recursivas en lugar de bucles. El objetivo de este tipo de lenguaje de programación es utilizar únicamente los valores de retorno de cualquier método o función.

Lenguaje de programación lógica

Este tipo de lenguaje de programación permite a cualquier programador o desarrollador utilizar afirmaciones declarativas. Un lenguaje de programación lógico permite a la máquina entender y compilar las instrucciones para realizar las funciones necesarias. Si utiliza este tipo de lenguaje de programación, no tiene que instruir al ordenador sobre cómo realizar una determinada función. El lenguaje utiliza algoritmos eficientes, lo que facilita que el ordenador utilice menos espacio. Lo único que debe hacer es emplear algunas restricciones sobre cómo debe pensar la máquina.

Lenguajes de programación

Lenguaje Pascal

El Pascal es un lenguaje de programación que la mayoría de los estudiantes aprenden durante la escuela, y no son muchas las industrias que siguen utilizando este lenguaje de programación. El lenguaje Pascal, a diferencia de la mayoría de los lenguajes, no utiliza llaves y símbolos, sino que utiliza frases y palabras clave. Por eso es fácil para los principiantes aprender este lenguaje en comparación con otros lenguajes, como C y C++. Pascal también admite la programación orientada a objetos a través de Delphi. La empresa de software Borland sólo utiliza este lenguaje.

Lenguaje Fortran

Fortran es un lenguaje que utilizan la mayoría de los científicos, ya que es más fácil de utilizar para hacer números. Este lenguaje permite almacenar variables con facilidad, independientemente del tamaño de la memoria de la variable. Los científicos de datos o los ingenieros utilizan este lenguaje para calcular valores o hacer predicciones con gran precisión. Es difícil escribir programas en este lenguaje, y el núcleo escrito es a veces difícil de entender. Por lo tanto, tendrá que aprender y entender el lenguaje si quiere codificar con él.

Lenguaje Java

Java es un lenguaje multiplataforma y se utiliza para realizar diferentes funciones de red. Se utiliza en aplicaciones web basadas en Java. Dado que este lenguaje tiene un formato y una sintaxis parecidos a los de C++, los desarrolladores pueden utilizar este lenguaje para desarrollar aplicaciones en varias plataformas. Si domina la programación en C++, Java le resultará natural. Java también es un lenguaje de programación orientado a objetos y, por tanto, puede utilizarse para desarrollar diferentes productos y aplicaciones. Las versiones más antiguas de Java no permiten escribir código pesado, pero las últimas versiones tienen algunas características que facilitan la escritura de programas eficaces y más cortos.

Lenguaje Perl

Perl es un lenguaje utilizado a menudo en el sistema operativo Unix. Suele utilizarse para gestionar archivos y directorios. Este lenguaje es más popular por su función de programación Common Gateway Interface o CGI. El CGI se utiliza para definir los programas utilizados por los servidores web para proporcionar capacidades adicionales a diferentes sitios y páginas web. También se utiliza para buscar texto y controlar las bases de datos y las funciones del servidor. Se trata de un lenguaje sencillo, y se pueden aprender fácilmente los fundamentos del lenguaje. Al tratarse de un lenguaje CGI, la mayoría de los servicios de alojamiento web prefieren utilizar el lenguaje Perl en lugar de C++, ya que un archivo de script Perl puede alojar numerosas páginas web.

Lenguaje PHP

Este lenguaje, principalmente un lenguaje de scripting, se utiliza para diseñar aplicaciones y páginas web. Dado que este lenguaje se utiliza para desarrollar páginas o aplicaciones web, comprende características para enlazar las páginas web con diferentes bases de datos, recrear o reestructurar una página web o generar cabeceras HTTP. PHP también incluye un conjunto de componentes, ya que es un lenguaje de scripting, y los componentes permiten al desarrollador utilizar algunas características orientadas a objetos. Estas características facilitan el desarrollo de sitios web.

Lenguaje LISP

Muchos programadores utilizan este lenguaje ya que permite almacenar diferentes tipos de estructuras de datos, como listas y matrices. La sintaxis de las estructuras de datos que se utilizan es fácil de entender y sencilla. Por ello, se puede utilizar para crear nuevas estructuras de datos y realizar funciones que no se pueden llevar a cabo con otros lenguajes de programación.

Lenguaje Scheme

El lenguaje de programación Scheme es una alternativa o sustituto del LISP, y tiene características sencillas. La sintaxis utilizada en el lenguaje es fácil de aprender. Si desea desarrollar programas o productos utilizando este lenguaje, también puede reimplementarlo en otros lenguajes, especialmente en LISP. Se trata de un lenguaje de programación básico y suele utilizarse sólo para resolver problemas sencillos, especialmente aquellos en los que no hay que preocuparse por la sintaxis del lenguaje.

Lenguaje C++

El lenguaje C++ es un lenguaje de programación orientado a objetos, y es por esta razón que los programadores utilizan este lenguaje cuando tienen que construir grandes aplicaciones. Un programador puede dividir un programa complejo en secciones más pequeñas, lo que le facilita el trabajo en programas más pequeños. Como se trata de un lenguaje de programación orientado a objetos, se puede utilizar un bloque de código varias veces. Algunos dicen que este lenguaje es eficiente, pero hay otros que no están de acuerdo.

Lenguaje C

C es un lenguaje de programación muy común, y casi cualquiera puede aprender y codificar fácilmente en este lenguaje. La mayoría de los programadores prefieren utilizar este lenguaje ya que los programas se ejecutan rápidamente. El lenguaje utiliza diferentes características, y estas características permiten a los programadores desarrollar programas eficientes utilizando los algoritmos adecuados. Este lenguaje se utiliza sólo porque permite utilizar algunas características de C++.

En este capítulo, hemos visto diferentes lenguajes de programación, como Pascal, Fortran, C, C++, Scheme y otros, y hemos aprendido cómo se pueden utilizar. También hemos visto las diferencias entre estos lenguajes. También se han desarrollado muchos lenguajes similares a los mencionados anteriormente. Debe saber qué lenguaje es el más adecuado para el programa o producto que está desarrollando.

Capítulo 8

Técnicas importantes de programación

Dado que se están desarrollando numerosos lenguajes de programación, resulta difícil determinar qué lenguaje es el mejor para utilizar. Cada lenguaje de programación puede utilizarse por diferentes motivos. Sin embargo, esto no debería importar ya que la sintaxis utilizada en cualquier lenguaje es más importante. También es importante determinar cómo se trabaja para resolver el problema. Se trata siempre de un pensamiento algorítmico. Aprenda a dividir el problema en diferentes pasos y vea cómo puede resolver estos problemas.

Aunque es importante entender la sintaxis, es muy importante comprender cómo está estructurado cualquier lenguaje de programación. Debe saber qué significan los diferentes términos y cómo se pueden utilizar.

Arrays

Las matrices son colecciones de variables con el mismo tipo de datos. A cada elemento se le asigna un índice, y lo mejor es utilizar estos índices para buscar los elementos de la matriz. Por ejemplo, se pueden crear números aleatorios, de modo que si desea cualquier elemento aleatorio como el día de la semana, puede utilizar el índice para sacar el número aleatorio.

Algunos lenguajes de programación no admiten el uso de estructuras de datos como los arrays. Sin embargo, puede replicar las funcionalidades de un array utilizando listas o tuplas. Puede utilizar árboles binarios en un array si éste está escasamente poblado. Es complicado hacerlo, pero es más fácil hacerlo si quiere utilizar diferentes tipos de datos. JavaScript le permite utilizar el índice del array como un operador booleano, y esto significa que puede utilizar varias expresiones binarias para evaluar la condición. Esto facilita la selección de los valores sin necesidad de utilizar declaraciones condicionales.

Un array también se conoce como multivariable, ya que le permite almacenar juntas diferentes variables del mismo tipo de datos. Puede declarar arrays en su programa de la misma manera que declara otras variables en el programa:

```
float array1[10];
```

En el ejemplo anterior, asignamos un array con la longitud 10, lo que indica que puede contener 10 valores. Puede definir o añadir valores a la matriz utilizando la siguiente línea:

```
Float array1[] = {53,0, 88,0, 96,7, 93,1,
89,5};
```

Esta matriz contiene cinco valores que son del tipo de datos float.

- Puede referirse a cada elemento del array como una variable independiente cuando lo utilice en una función o módulo. Los items de la matriz se conocen como elementos

- A cada elemento se le da una posición específica, y esta posición se conoce como índice. El índice del primer elemento de la matriz es cero, y en el ejemplo anterior, el primer número 53.0 está en la posición cero

- Puede asignar los valores a la matriz de la misma manera que asigna valores a las variables regulares

- Todo programa tiene un tamaño de matriz fijo, y cuando se determina la dimensión de una matriz, asignando a la matriz una longitud

Construir grandes programas

Puede escribir programas pequeños o grandes. Aunque no hay nada malo en escribir programas grandes, debe entender que el ordenador tardará un tiempo en compilar el código. Le llevará más tiempo identificar los errores y editar el código. Esto significaría que el programa va a tener errores, y debería aceptarlo.

Si quiere escribir programas grandes, vea si puede dividirlos en segmentos más pequeños. Puede utilizar punteros para conectar los segmentos más pequeños y crear un flujo de programa. Por ejemplo, un módulo puede declarar variables, mientras que otro puede inicializarlas, mientras que otro podría utilizarse para realizar algunas funciones sobre las variables y mostrar los resultados. De este modo, resulta más fácil depurar el programa e identificar los errores si es necesario. Otra ventaja de hacer esto es que puede utilizar estos módulos más pequeños en el futuro, lo que le ayudará a ahorrar tiempo.

Si el compilador ejecuta el archivo de código fuente, puede crear un código objeto que se enlazará con varias bibliotecas del lenguaje de programación. De este modo, producirá un archivo que podrá ejecutar fácilmente. Así es como funciona la vinculación entre el compilador y el enlazador. Las variables pueden ser compartidas entre diferentes módulos o códigos fuente, y se pueden realizar una serie de funciones sobre esas variables.

Lógica Bitwise

Si utiliza la lógica de bits para escribir código, puede poner o quitar bits. Algunos lenguajes de programación también le permiten enmascarar algunos bits en su código. Este es un elemento básico de la programación que todo el mundo debe conocer. Puede combinar numerosos valores en banderas binarias y guardar estas banderas en la memoria de la máquina. Esto significa que el código no requiere grandes trozos de memoria para guardar los datos. Este es un gran método para combinar valores que puede pasar entre métodos y funciones como un solo argumento.

La lógica Bitwise también puede utilizarse para pasar diferentes valores entre páginas web y otros programas utilizando cookies o cadenas de consulta. También puede utilizar este método como una forma sencilla y rápida de convertir las variables del sistema denario al binario. La lógica bitwise también puede utilizarse para cifrar texto.

Lógica booleana

Si desea combinar diferentes valores, es importante que conozca los operadores AND, OR, NOT, etc. Estos operadores facilitarán la creación y el desarrollo de tablas de verdad. Los programadores utilizan a menudo el operador booleano. Una de las cosas más importantes a tener en cuenta es que toda expresión debe ser evaluada como verdadera o falsa. Debe determinar la sintaxis a utilizar en función del lenguaje en el que decida escribir.

Cierres

Los cierres son funciones anónimas que también pueden utilizarse como bloques de código. Estos bloques pueden pasarse fuera de cualquier método o función. Este código capturará todas las variables de la función o bloque interior. Esto puede sonar un poco complicado, pero es definitivamente fácil de entender usando un ejemplo. En el ejemplo siguiente, veremos cómo utilizar los cierres en la programación:

```
func makeIncrementer(forIncrement amount:
Int) -> () -> Int {
    var runningTotal = 0
    func incrementer() -> Int {
        runningTotal += amount
        return runningTotal
    }
    devolver el incrementador
}
```

```
let incrementByTen =
makeIncrementer(forIncrement: 10)
print("\N(incrementByTen())")
print("\N(incrementByTen())")
print("\N(incrementByTen())")
```

La salida del código anterior es 10, 20 y 30. La salida cambia ya que la función makeIncrementer() utiliza el valor 10 como base. Este valor se añade entonces al total utilizando la función incrementbyTen(). También puede crear otra función incrementadora si quiere aumentar el valor en 5.

```
let incrementByFive =
makeIncrementer(forIncrement: 5)
```

Si ejecuta esta función tres veces, el compilador arrojará como salida 5, 10 y 15. La función makeIncrementer() trabaja entre bastidores y crea la instancia de una clase pasando los valores a añadir. El beneficio de utilizar cierres es construir un código más fácil de entender. Reduce la carga cognitiva haciendo que el código sea más fácil de compilar e implementar.

Concurrencia

El concepto de concurrencia es muy diferente al de computación paralela. Los conceptos son similares, pero la diferencia es que en la computación en paralelo, el código se ejecuta en diferentes procesos al mismo tiempo. Si utiliza la concurrencia, el programa puede dividirse en diferentes segmentos y cada segmento se ejecuta por separado. Puede hacer esto incluso si el programa se está ejecutando y funcionando correctamente.

Muchos lenguajes de programación utilizan el concepto de multihilo, pero es mejor utilizar el concepto de concurrencia para escribir el código. La concurrencia garantiza menos errores en el código. Por ejemplo, si tuviera que codificar en C#, utilice la biblioteca paralela de tareas o TPL para añadir algunos elementos de concurrencia al código. Este método utiliza el pool de hilos del CLR para ejecutar múltiples procesos, lo que le permite ejecutar el programa sin tener que crear hilos, que es una operación muy costosa. Puede encadenar varias tareas y ejecutarlas juntas para obtener los resultados.

Lo mejor es utilizar código asíncrono si lo desea, ya que le permite ejecutar programas al mismo tiempo sin obstaculizar el funcionamiento de otro código. Cuando se utiliza código asíncrono para realizar algunas llamadas al servicio web, el código se ejecuta sin bloquear el hilo. El hilo puede seguir respondiendo a cualquier otra petición mientras espera a que se completen las primeras peticiones. En el siguiente ejemplo, veremos cómo utilizar el código asíncrono y la concurrencia para realizar funciones.

```
public async Task MethodAsync()
{
    Task longRunningTask =
LongRunningTaskAsync();
    ... any code here

    int result = await longRunningTask;
    DoSomething(result);
}
```

```
public async Task LongRunningTaskAsync() {
// returns an int
    await Task.Delay(1000);
    return 1;
}
```

En ocasiones, un programador puede optar por utilizar diferentes páginas para acceder a la información al mismo tiempo. Mientras el compilador obtiene una página, la procesará. Es imposible determinar cómo se procesan las páginas y el orden en que el compilador realiza esta función, ya que cada lenguaje utiliza el proceso de concurrencia para realizar esta actividad.

Decisión o selección

Nunca escriba un programa que sólo realice una acción. Es importante asegurarse de que el código que escriba sea flexible y pueda actualizarse para adaptarse a otras necesidades si es necesario. Por lo tanto, debe escribir un código que acepte las entradas del usuario y realice las funciones en función de dichas entradas. Utilice diferentes declaraciones, como las de selección o if-else, para utilizar cualquier entrada y realizar una función o acción basada en la condición. También puede utilizar listas y matrices.

Acceso al disco

La mayoría de la gente utiliza los ordenadores para almacenar datos e información y trabajar con esa información en el futuro. Todos los lenguajes de programación tienen una serie de funciones que pueden utilizarse para leer y escribir información en el disco y desde él. Cualquier programa que usted escriba se guardará en el disco de su ordenador, pero esto sólo ocurrirá si ha utilizado el comando de guardar archivos para escribir el código.

Inmutabilidad

Si declara algunas variables como inmutables en su código, no podrá modificarlas. Algunos lenguajes de programación le permiten determinar la inmutabilidad de una variable mediante prefijos específicos. Sin embargo, debe asegurarse de que no tiene ninguna dependencia de la variable. Siempre puede cambiar la declaración si lo necesita. En el siguiente ejemplo, veremos cómo declarar variables con propiedades inmutables. También declararemos algunos campos como inmutables.

```
class Person {
    let firstName: String
    let lastName: String
    init(first: String, last: String) {
        firstName = first
        lastName = last
    }

   public func toString() -> String {
        return "\(self.firstName)
\(self.lastName)";
    }
}

var man = Person(first:"David",
last:"Bolton")
print( man.toString() )
```

La salida del código es "David Bolton".

Si quiere cambiar el nombre o el apellido en el código, el compilador lanzará un error. Es importante utilizar variables inmutables en el código. Utilizando estas variables, el compilador optimiza la salida. El tipo de datos inmutable nunca cambiará si utiliza un lenguaje de programación multihilo. El valor de la variable se comparte entre diferentes módulos e hilos. Si quiere copiar el valor de un objeto inmutable, sólo debe copiar la referencia a esa variable y no la propia variable.

Interacción con la línea de comandos

La función o método principal del código funciona de forma muy diferente en el código. Es en lo que se basa el compilador cuando recorre todo el código. Cada función en el código se comunicará con la línea de comandos, y esta es la única forma en que el código que se escribe se comunica con la computadora. Otra forma en que el programa puede comunicarse es leyendo las instrucciones de la línea de comandos.

Interacción con el sistema operativo

Toda programación le permite trabajar con el sistema operativo para realizar algunas funciones. A través de estos lenguajes, puede crear nuevos directorios, cambiar directorios, renombrar archivos, crear archivos, eliminar archivos y realizar otras tareas útiles en el sistema operativo.

También puede ejecutar otros programas utilizando un único programa. La forma más fácil de hacerlo es utilizar punteros. Puede localizar el programa adecuado en la memoria utilizando punteros. También puede utilizar el programa para examinar los resultados de una función realizada por el sistema operativo. Es un programa fácil de usar que interactúa con otros programas y examina la eficiencia de su ordenador. Si sabe cómo añadir código, puede realizar fácilmente todas estas funciones.

Lambdas

Esta expresión es la mejor manera de llamar a una función anónima en el código mientras se ejecuta el programa. Un lambda es un método útil para utilizar con lenguajes que le permitirán soportar diferentes tipos de funciones de primera clase. Es fácil pasar la función o cualquier otro módulo como parámetro en una función diferente. Esto indica que puede pasar fácilmente funciones y devolverlas como funciones si es necesario. Una lambda se originó con diferentes lenguajes funcionales como C# y Lisp. La siguiente sintaxis se utiliza para crear una función lambda:

```
()-> {código...}
```

Muchos lenguajes, como PHP, Swift, Java, JavaScript, Python y VB.NET, admiten funciones lambda. Es importante entender cómo se pueden utilizar las funciones lambda. Una función lambda puede hacer que el código sea más corto y extremadamente fácil de entender. Considere el siguiente ejemplo en el que estamos tratando de construir una lista de los números impares:

```
List list = new List() { 1, 2, 3, 4, 5,
6, 7, 8 };
    Lista NúmerosImpares =
lista.BuscarTodo(x => (x % 2) != 0);
Los números impares contendrán los números
1, 3, 5 y 7
```

Bucles y repeticiones

Esta es otra técnica importante que debe tener en cuenta al escribir código. El bucle for es el tipo de bucle o repetición más común que la gente escribe en sus programas. Algunos codificadores también optan por utilizar el bucle while cuando codifican. El bucle while complica la solución. En la mayoría de los lenguajes de programación, el bucle for utilizará la idea de contar el número de iteraciones. La forma en que se producen las iteraciones y las variables que se tienen en cuenta dependen del lenguaje de programación.

Listas enlazadas

A la mayoría de los programadores les preocupa el uso de las listas enlazadas, ya que son un poco difíciles de entender. Una lista enlazada es un concepto extraño ya que el usuario debe saber cómo se puede utilizar un puntero en una lista enlazada y cómo funciona este puntero. Las listas enlazadas combinan las funciones de una matriz con punteros y estructuras. Se puede decir que una lista enlazada es como una matriz de estructuras. A diferencia de una estructura de datos, como un array o una lista, el usuario puede eliminar fácilmente los elementos de la lista enlazada.

Aritmética modular

En la aritmética modular, se divide el número y se utilizan diferentes operaciones para obtener resultados. Esta es la mejor manera de limitar la salida que se obtiene de un método o función. También se pueden utilizar diferentes funciones de aritmética modular para envolver las cosas, y es por ello que esta técnica es útil. Debe entender bien esta técnica, especialmente si quiere utilizarla de forma correcta en su código.

Punteros

La mayoría de los lenguajes de programación utilizan punteros, que se emplean para manipular diferentes variables almacenadas en la memoria de un ordenador. Tal vez se pregunte por qué querría utilizar un puntero para ir a una parte determinada de la memoria, pero el uso de un puntero le permite cambiar el valor de cualquier variable utilizando un operador o una función. Los punteros dan a los lenguajes de programación más poder en comparación con otros lenguajes de programación. Sin embargo, se necesita algo de tiempo para entender cómo utilizar los punteros y lo que se puede hacer con las variables utilizando punteros. Puede declarar los punteros utilizando un asterisco. Debe asegurarse de que el compilador no confunda este asterisco con la operación de multiplicación. Asigne un puntero antes de utilizarlo.

Llamadas seguras

Sir Tony Hoare, un informático, dijo una vez que nunca debe introducir una referencia nula en su código, ya que esto sólo provocará errores en la salida. Si accede a una variable utilizando una referencia nula, provocará una excepción a menos que tenga el manejador adecuado. De lo contrario, el programa o el sistema se bloqueará. Es mejor utilizar lenguajes de programación con manejadores de excepciones para evitar errores recurrentes en su código. Algunos lenguajes de programación de alto nivel, como C, no pueden identificar los punteros nulos en el código, y esto puede provocar errores en la salida.

Numerosos lenguajes de programación incluyen comprobaciones de seguridad que evitarán cualquier error de referencia nula. Por ejemplo, en C#, puede evitar bloques de código si tiene el manejador de excepciones adecuado. Debe utilizar una condición para indicar al compilador qué líneas de código debe evitar. Esto reduce el número de líneas que el compilador debe ejecutar en el código.

Considere el siguiente ejemplo:

```
int? count = clientes?[0]?
Pedidos?.Cuenta();
```

El símbolo '?' indica al compilador que ponga el valor a cero si la variable cliente definida en el código tiene un valor nulo. En caso contrario, el compilador llamará a la función Count(). Si utiliza la función, debe declarar la variable para que tenga un valor nulo para que no se produzca un error cuando se ejecute el código.

Escala y números aleatorios

La mayoría de los lenguajes de programación de alto nivel utilizan diferentes tipos de bibliotecas. Utilizando estas bibliotecas, puede generar números aleatorios. Si utiliza un lenguaje de programación sin esta característica, lo mejor es utilizar números enteros para realizar diferentes métodos y funciones. Sin embargo, esto no servirá para el propósito. Por lo tanto, es importante aprender a obtener números aleatorios y utilizar las funciones necesarias para escalarlos. Puede asegurarse de que las formas en una pantalla aumenten o disminuyan siempre en el mismo tamaño mediante el escalado.

Los números aleatorios también se pueden utilizar porque sí, especialmente cuando se utilizan diferentes estructuras de datos. Si añade un grado de aleatoriedad a estos números, puede hacer que los números parezcan naturales. Por ejemplo, si quiere dibujar un árbol o cualquier otro objeto en la pantalla, puede utilizar el concepto de recursión para hacerlo. Si no añade algo de aleatoriedad al código, el objeto que dibuje no tendrá ese aspecto.

Muchas funciones de diferentes lenguajes de programación permiten crear números pseudoaleatorios. Estos números pueden ser distribuidos uniformemente dentro de un rango. Tenga en cuenta que esto no es algo que esté obligado a hacer.

Strings

Las cadenas son un tipo de datos común con el que trabajan la mayoría de los programadores, y esto se utiliza a menudo en cualquier programa de manipulación de texto. Veremos qué es la manipulación de texto más adelante en este capítulo. Puede definir una cadena utilizando una matriz o cualquier otra estructura de datos, pero definiéndola como una estructura de caracteres. Por ejemplo,

```
Char nombre1[] = "Emma";
```

Utilizando la línea anterior, puede crear una variable de cadena llamada nombre1, y esta variable contiene el valor, Emma. Como ha definido la variable como una matriz, el valor se guardará como 'E', 'm', 'm' y 'a'. Alternativamente, puede escribir el valor utilizando este formato:

```
Char nombre1[] = { 'E', 'm', 'm', 'a'};
```

Es importante tener en cuenta los siguientes puntos en relación con las cuerdas:

- Se pueden utilizar diferentes funciones para manipular cadenas.

- Las cadenas terminan con el carácter nulo que se define en la clase de biblioteca stdio.h. `

- Puede leer cadenas utilizando scanf() o get(). Los valores de las cadenas pueden mostrarse utilizando la función printf().

- Las cadenas son matrices de caracteres y terminan con el carácter nulo.

Estructuras

Todos los lenguajes de programación utilizan una combinación de diferentes variables, y usted puede convertir las variables en diferentes estructuras de datos. Una estructura es como un registro en una base de datos, ya que puede utilizarse para describir numerosas entidades al mismo tiempo. Como programador, puede determinar cómo declarar e inicializar una estructura de datos. Considere este ejemplo:

```
ejemplo de estructura
{
  int a;
char b;
float c;
}
```

En la estructura anterior, vemos tres variables. A cada variable se le asigna un tipo de datos específico. Utilizando esta función, puede crear una estructura con tres variables, pero no tiene que declarar necesariamente estas variables. Si desea declarar las variables, tendrá que aumentar el número de líneas en su código. Una estructura también puede utilizarse para trabajar en diferentes bases de datos según el tipo de lenguaje de programación en el que esté trabajando. Debe aprender todo sobre los diferentes lenguajes de programación y estructuras, especialmente cómo debe utilizarlos para escribir código.

Manipulación de textos

La manipulación de texto es un concepto clave, y la mayoría de la gente que escribe código quiere aprender a manipular caracteres y cadenas. Debe entender bien estos conceptos. Si sabe cómo codificar, sabrá que el texto se almacena en el formato numérico basado en el código ASCII. Por lo tanto, debe aprender a convertir cualquier carácter en su código ASCII y viceversa. También puede utilizar este número para comprobar si los caracteres son mayúsculos o minúsculos. Utilizando el código ASCII, puede crear cifrados utilizando EOR a nivel de bits.

También puede romper o dividir cadenas utilizando las funciones left() y right(), y esto le permite realizar diferentes tipos de tareas. Puede crear anagramas o mostrar los textos necesarios en la pantalla. Las funciones de manipulación de texto de cualquier lenguaje de programación le permiten cambiar las mayúsculas y minúsculas y formatear el texto para que tenga un aspecto determinado cuando construya el código o el programa. Puede hacer esto para mejorar la apariencia de su programa.

Trigonometría

Es necesario entender algunos conceptos cuando se trata de programar, y entender la trigonometría es uno de los conceptos más importantes de todos. Estos temas se utilizan a menudo cuando se desarrolla código o programas que utilizan animación. La trigonometría es uno de los conceptos más importantes que los programadores utilizan cuando desarrollan código. El uso de las funciones seno y coseno facilita la creación de un movimiento circular, el dibujo de patrones y círculos, la búsqueda de la disposición perfecta de los objetos en una página web o incluso la identificación de los ángulos y direcciones correctas en las que deben girar los objetos. Es difícil calcular varias funciones trigonométricas, pero mejoran la eficacia de los programas.

Variables

El objetivo de cualquier método o función escrita es obtener un resultado o salida. Si no utiliza las variables adecuadas en el código, no obtendrá el resultado correcto. Además, los programas que desarrolle pueden no servirle de nada. Por ejemplo, ¿cómo se sentiría si desarrollara un programa para obtener la salida de una función matemática pero no recibiera la salida porque le faltara una variable en el código? Por esta razón, necesita incluir variables en el código. Son los aspectos más importantes de cualquier lenguaje de programación. Las variables que utilice en el código, su tipo, el método utilizado para declarar e inicializar la variable serán diferentes entre los lenguajes de programación.

Capítulo 9

Probando el programa

Al igual que analizamos los algoritmos para ver si son eficaces, es importante probar cualquier código que se escriba. Se pueden utilizar diferentes pruebas y parámetros para realizar estas pruebas. Es importante atenerse al enfoque TBB o de desarrollo dirigido por pruebas si quiere evaluar el código.

Leyes de TTD

Debe tener en cuenta las siguientes reglas si decide realizar una prueba TTD en el código que escribe:

1. Debe crear un prototipo del código y escribir el código de prueba. Ejecute este código y compílelo para ver si funciona bien. Debe hacer esto antes de escribir el código de producción

2. Asegúrese de no escribir un código muy grande porque la prueba puede fallar. Utilice segmentos de código más pequeños como código de prueba, así será más fácil corregir el código

3. Reescribir el código de prueba si hay fallos, compilar el código y luego escribir el código de producción

Cuando realice pruebas en el código, escriba el código de producción al mismo tiempo para asegurarse de que el código que escribe es preciso.

Mantener limpias las pruebas

Asegúrese de que las pruebas que ejecuta están limpias de errores. Si tiene un código de prueba lleno de errores, no ejecute esa prueba ya que no le sirve de nada. Tenga en cuenta que el código de prueba debe cambiar con la misma frecuencia que cambia el código de producción. Si las pruebas están sucias, será difícil cambiarlas. Tiene que diseñar la prueba de forma correcta. Debe ser cuidadoso y pensar en el proceso. Asegúrese de que el código de prueba está limpio y es una réplica del código de producción.

Comprobación de las capacidades del código

- No importa lo flexible que sea la arquitectura o el código, si no ejecuta todas las pruebas y se asegura de que el código funciona bien, no podrá cambiarlo. Es importante hacer esto si quiere evitar cualquier error en el código de producción

- Las pruebas unitarias garantizan que el código sea mantenible, reutilizable y flexible. Sólo haga cambios en el código si tiene algunas pruebas que pueda ejecutar para evaluar los cambios. Si no tiene ninguna prueba, depure el código cada vez que realice un cambio en él

Pruebas limpias

Asegúrese de que cualquier prueba que realice tenga los siguientes atributos:

Legibilidad

Este es un aspecto importante a tener en cuenta cuando escriba el código de prueba. Asegúrese de que el código tiene todos los atributos relevantes y es fácil de leer para cualquiera. El código también debe utilizar variables y funciones sencillas y definir todo lo que hay que probar en el código.

Prueba de la lengua

Es importante evaluar las funciones y utilidades de las API especializadas que utiliza el código de prueba. Facilitan la comprensión del código de prueba y el propósito que hay detrás de cada línea de código.

Doble estándar

Debe tener en cuenta algunas cosas cuando escriba el código de prueba o de producción. Es posible que no quiera probarlas en el código de producción, pero sí en el de prueba. Esto garantiza que el código de producción que escriba sea utilizable.

Afirmaciones

Cualquier código de prueba que escriba debe tener una aserción. Esto puede causar alguna duplicación en el código, pero puede establecer el método de la plantilla y dejarlo como clase base. También debe utilizar las aserciones en diferentes pruebas. Por lo tanto, debe incluir al menos una aserción cuando ejecute una prueba.

Características de las pruebas

En esta sección se analizarán los diferentes aspectos que debe tener en cuenta a la hora de realizar una prueba sobre el código.

Autovalidación

Cada prueba debe tener una salida booleana que le ayude a determinar si la prueba funciona como debería. Asegúrese de que un usuario no tenga que revisar el registro para verificar su código escrito.

Independiente

Ninguna de las pruebas que ejecute debe depender de las demás. Ejecute las pruebas en diferentes órdenes para asegurarse de que el código funciona independientemente del tipo de entorno en el que se encuentre.

Oportunamente

Asegúrese de que las pruebas que escriba puedan compilarse en pocos segundos. Escriba el código de prueba antes de escribir el código de producción. De este modo, podrá modificar el código de producción y ejecutarlo sin errores. Si empieza a escribir las pruebas después de comenzar a escribir el código de producción, no podrá actualizar el código de producción, por lo que no tendrá errores.

Repetible

Debe intentar repetir todas las pruebas que realice en cualquier entorno. En caso de que escriba un código de prueba, pero no pueda realizarlo bien en otros entornos, debe determinar por qué fallan.

Rápido

Asegúrese de que todas las pruebas que realice sean rápidas. Si la prueba es lenta, es posible que no quiera ejecutarla con frecuencia porque le llevará demasiado tiempo. Una prueba lenta puede no ayudarle a identificar problemas en su código.

Recuerde que el código se pudrirá si sus pruebas se pudren.

Capítulo 10

Algoritmos de ordenación y búsqueda

En este capítulo veremos los diferentes algoritmos de ordenación y búsqueda. Dado que C es uno de los lenguajes de programación más sencillos que existen, estudiaremos la implementación de estos algoritmos en este lenguaje.

Algoritmos de búsqueda

Como su nombre indica, un algoritmo de búsqueda encuentra un elemento en cualquier estructura de datos y recupera el elemento y su ubicación de esa estructura. Hay dos tipos de algoritmos de búsqueda:

Tipos de algoritmos de búsqueda: Búsqueda secuencial

Una búsqueda secuencial es aquella en la que el algoritmo recorre la estructura de datos secuencialmente para buscar el elemento objetivo. Buscará a través de cada elemento del conjunto de datos. Un ejemplo de este algoritmo es el algoritmo de búsqueda lineal.

Búsqueda por intervalos

Un algoritmo de búsqueda por intervalos busca el elemento en una estructura de datos ordenada. Esto significa que primero debe utilizar un algoritmo de ordenación en la estructura de datos antes de realizar una búsqueda por intervalos. Este tipo de algoritmo de búsqueda es eficaz ya que busca el objetivo en el centro de la estructura. Un ejemplo de este tipo de algoritmo es el algoritmo de búsqueda binaria, y lo veremos con más detalle más adelante en el libro.

Búsqueda lineal frente a búsqueda binaria

Una búsqueda lineal no requiere que ordene la matriz, y recorre cada elemento de esta para buscar el elemento. Tampoco excluye ningún elemento de la matriz. Esto significa que el tiempo que tarda el compilador en buscar un elemento es directamente proporcional al número de elementos de la estructura de datos. Por ejemplo, el algoritmo tardará menos en buscar el elemento si sólo hay 5 elementos en la matriz, pero tardará más si hay 15 elementos en la matriz. Por otro lado, una búsqueda binaria reduce el tiempo de búsqueda del elemento en la matriz. Veremos estos algoritmos con más detalle en la siguiente sección de este capítulo.

Diferencias importantes

- Debe ordenar la matriz antes de utilizar el algoritmo de búsqueda binaria, pero esto no es necesario para un algoritmo de búsqueda lineal

- La búsqueda lineal sigue el proceso secuencial mientras que el algoritmo de búsqueda binaria mirará los datos de forma aleatoria

- El algoritmo de búsqueda binaria realiza comparaciones basadas en el segmento, mientras que la búsqueda lineal realizará una comparación de igualdad

Búsqueda lineal

Mediante el siguiente ejemplo, entenderemos cómo se puede realizar una búsqueda lineal en un array. En el problema, consideraremos un array y utilizaremos una función para encontrar el elemento en el array. Como el algoritmo de búsqueda lineal comprueba cada elemento de la matriz, recorrerá toda la estructura de datos. Es por ello que este algoritmo de búsqueda no es eficiente.

Por ejemplo, para buscar el elemento 16 en una matriz, el algoritmo recorrerá cada elemento para encontrarlo.

```
Array1[] = {1, 4, 16, 5, 19, 10}
Salida: 16
```

También devolverá el índice del número.

Supongamos que el número no está presente en la matriz. ¿Qué cree que ocurrirá entonces? Busquemos el número 45.

Salida: -1

Para realizar un algoritmo de búsqueda lineal, utilice los pasos que se indican a continuación:

- Definir la matriz y añadirle números

- Identifique el elemento que desea buscar

- Comienza con el elemento más a la izquierda que está presente en la matriz

- Compara el elemento objetivo con cada uno de los elementos de la matriz

- Si el elemento objetivo coincide con el elemento de la matriz, devuelve el índice

Si el elemento de destino no está presente, devuelve -1Implementación

```c
#include <stdio.h>
int search(int arr[], int n, int x)
{
    int i;
    for (i = 0; i < n; i++)
        if (arr[i] == x)
            return i;
    return -1;
}

int main(void)
{
    int arr[] = { 2, 3, 4, 10, 40 };
    int x = 10;
    int n = sizeof(arr) / sizeof(arr[0]);
    int result = search(arr, n, x);
    (result == -1) ? printf("Element is not
present in array")
```

```
                        :  printf("Element is
present  at  index  %d",
                                result);
        return  0;
    }
```

Búsqueda binaria

El algoritmo de búsqueda binaria no funciona bien con información no ordenada. Esto significa que primero debe utilizar el algoritmo de ordenación para limpiar los datos y almacenar la información en un array. A continuación, debe escribir una función para encontrar el elemento que busca en la matriz. Un algoritmo de búsqueda binaria rompe la matriz en segmentos y realiza una búsqueda lineal en el segmento para encontrar el elemento requerido. Es más fácil realizar una búsqueda lineal, pero una búsqueda binaria es más eficiente.

Este algoritmo ignorará los demás elementos de la matriz después de realizar una comparación. Siga los pasos indicados a continuación para realizar una búsqueda binaria en los elementos del array:

1. Defina la matriz y enumere los elementos de esta. Enumere el elemento que desea buscar

2. Ordene los elementos de la matriz. Ahora, compare el elemento objetivo con el elemento del medio

3. Si el elemento es el mismo, devuelve el índice o la ubicación de ese elemento

4. Si el elemento objetivo es mayor que el elemento del medio, estará presente en la sección a la derecha del elemento del medio. Si es menor que el elemento del medio, estará presente en la sección a la izquierda del elemento del medio

5. Realice los pasos del 2 al 4 con la sección izquierda o derecha del conjunto

6. Si no, compruebe la otra mitad

7. Finalizar la búsqueda

Implementación

```
#include < stdio.h>
// Este programa es un ejemplo de función de
búsqueda binaria recursiva. Devolverá la
ubicación de x en el array dado arr[l..r] si
el elemento está presente. En caso
contrario, devuelve el valor -1
int binarySearch(int arr[], int l, int r,
int x)
{
    if (r >= l) {
        int mid = l + (r - l) / 2;
        // Si el elemento es el mismo que el
elemento del medio de la matriz, entonces
devuelve el índice del elemento del medio
        if (arr[mid] == x)
            return mid;

        // Si un elemento es más pequeño que
el elemento del medio, entonces el clemento
sólo estará presente en la sección izquierda
```

de la matriz. Ahora realizaremos una búsqueda en esa sección

```
        if (arr[mid] > x)
            return binarySearch(arr, l, mid
- 1, x);

        // Si no, el elemento sólo puede
estar presente en la sección derecha de la
matriz
        return binarySearch(arr, mid + 1, r,
x);
    }

    // Llegamos aquí cuando el elemento no
está presente en el propio array
    return -1;
}
int main(void)
{
    int arr[] = { 2, 3, 4, 10, 40 };
    int n = sizeof(arr) / sizeof(arr[0]);
    int x = 10;
    int result = binarySearch(arr, 0, n - 1,
x);
    (result == -1) ? printf("Element is not
present in array")
                   : printf("Element is
present at index %d",
                            result);
    return 0;
}
```

Veamos ahora cómo podemos implementar el algoritmo de búsqueda binaria utilizando los métodos iterativo y recursivo. Antes de esto, es importante entender la complejidad temporal de cualquier algoritmo de búsqueda binaria, especialmente para asegurarse de no gastar el tiempo de la máquina innecesariamente en la compilación. La fórmula a utilizar es $T(n) = T(n/2) + c$. Para eliminar la recurrencia en el código, utilice un método de recurrencia o de árbol maestro.

Implementación recursiva

```cpp
// Para implementar la búsqueda binaria
recursiva utilizando C++
#include <bits/stdc++.h>
using namespace std;
// En este código, utilizaremos una función
de búsqueda binaria recursiva. Devuelve la
ubicación de la variable x en un array dado
arr[l..r] está presente.
int binarySearch(int arr[], int l, int r,
int x)
{
    if (r >= l) {
        int mid = l + (r - l) / 2;

        // Si el elemento está presente en
el centro de la matriz
        if (arr[mid] == x)
            return mid;

        // Si el elemento es menor que mid,
entonces indica que el elemento está
presente en la submatriz izquierda
        if (arr[mid] > x)
            return binarySearch(arr, mid +
1, r, x);
```

```
        // Si no, el elemento sólo puede
estar presente en la otra sección de la
matriz
        return binarySearch(arr, mid + 1, r,
x);
    }

    // Si el elemento no está presente en la
matriz, el compilador llega a este punto
    return -1;

}

int main(void)
{
    int arr[] = { 2, 3, 4, 10, 40 };
    int x = 10;
    int n = sizeof(arr) / sizeof(arr[0]);
    int result = binarySearch(arr, 0, n - 1,
x);
    (result == -1) ? cout << "Element is not
present in array"
                    : cout << "Element is
present at index " << result;
    return 0;
}
```

La salida del código es: 'El elemento está presente en el índice 3'

Aplicación iterativa

```
// Para implementar la búsqueda binaria
recursiva utilizando C++
#include <bits/stdc++.h>
using namespace std;
```

```
// En este código, utilizaremos una función
de búsqueda binaria recursiva. Devuelve la
ubicación de la variable x en un array dado
arr[l..r] está presente.
// en caso contrario devolverá el valor -1
int binarySearch(int arr[], int l, int r,
int x)
{
    while (l <= r) {
        int m = l + (r - l) / 2;

        // Comprobar si x está presente en
el centro
        if (arr[m] == x)
            return m;

        // Si x es mayor, ignorar la mitad
izquierda de la matriz
        if (arr[m] < x)
            l = m + 1;

        // Si x es menor, ignora la mitad
derecha de la matriz
        else
            r = m - 1;
    }

    // Si el compilador no encuentra el
elemento en la matriz, llega a esta etapa
    return -1;
}

int main(void)
{
    int arr[] = { 2, 3, 4, 10, 40 };
    int x = 10;
```

```
    int n = sizeof(arr) / sizeof(arr[0]);
    int result = binarySearch(arr, 0, n - 1,
x);
    (result == -1) ? cout << "Element is not
present in array"
                 : cout << "Element is
present at index " << result;
    return 0;
}
```

La salida del código es: 'El elemento está presente en el índice 3'

Saltar la búsqueda

Este algoritmo es como el de la búsqueda binaria. Busca el elemento que quiere encontrar en la matriz. Tenga en cuenta que, al igual que el algoritmo de búsqueda binaria, el algoritmo de búsqueda por saltos sólo funciona si la matriz está ordenada. El objetivo de este algoritmo es buscar el elemento de una sección más pequeña del array. Esto significa que el compilador se salta algunos elementos del array para saltar a otra sección en el algoritmo.

Veamos un ejemplo para entender mejor este concepto. Supongamos que ha creado un array con 'n' elementos en él. Puede indicar al compilador que se adelante unos pasos. Si quiere buscar el elemento de búsqueda en el array, comenzará a buscar en los siguientes índices a[0], a[m], a[2m], ... a[km]. La búsqueda lineal comenzará si el compilador encuentra el intervalo en el que el elemento puede estar presente.

Considere la siguiente matriz: (0, 1, 1, 2, 3, 5, 8, 13, 21, 34, 55, 89, 144, 233, 377, 610). En esta matriz hay 16 elementos. Ahora, indiquemos al compilador que busque 55 en la matriz, y le diremos que divida el código en cuatro subsecciones. Esto indica que el compilador se moverá por cuatro elementos cada vez.

Paso 1: El compilador pasa del índice 0 al 2.

Paso 2: El compilador pasa de 3 a 13.

Paso 3: El compilador salta de 21 a 89.

Paso 4: El elemento en la posición 12 es mayor que el 55, así que volvemos al inicio del bloque.

Paso 5: El algoritmo de búsqueda lineal entra en acción y busca el índice del elemento.

Tamaño óptimo del bloque

Si utiliza el algoritmo de búsqueda de saltos, elija el tamaño de bloque adecuado, para que el compilador no se encuentre con demasiados problemas en el algoritmo. En algunos casos, es posible que tenga que recorrer toda la lista, pero esto sólo depende de dónde esté el elemento y de lo bien que optimice el código. A veces, tendrá que realizar m-1 comparaciones cuando el algoritmo de búsqueda lineal entre en acción. Este es el peor escenario, y significa que el número de saltos será $((n/m) + m-1)$. El valor de esta función será mínimo si el valor del elemento "m" es la raíz cuadrada de n. Por lo tanto, $m = \sqrt{n}$ es el número de pasos que debe ejecutar el compilador.

```cpp
// Para implementar la búsqueda de saltos
utilizando C++
  #include <bits/stdc++.h>
using namespace std;

int jumpSearch(int arr[], int x, int n)
{
    // Encontrar el tamaño del bloque a
saltar
    int paso = sqrt(n);

    // Encontrar el bloque donde está el
elemento
    // presente (si está presente)
    int prev = 0;
    while (arr[min(step, n)-1] < x)
    {
        prev = step;
        step += sqrt(n);
        if (prev >= n)
            return -1;
    }

    // Hacer una búsqueda lineal de x en el
bloque
    // empezando por prev.
    while (arr[prev] < x)
    {
        prev++;

        // Si llegamos al siguiente bloque o
al final de
        // array, el elemento no está
presente.
        if (prev == min(step, n))
```

```
            return -1;
    }
    // Si se encuentra el elemento
    if (arr[prev] == x)
        return prev;

    return -1;
}

// Programa del controlador para probar la
función
int main()
{
    int arr[] = { 0, 1, 1, 2, 3, 5, 8, 13,
21,
                34, 55, 89, 144, 233, 377,
610 };
    int x = 55;
    int n = sizeof(arr) / sizeof(arr[0]);

    // Encuentre el índice de 'x' utilizando
la búsqueda por salto
    int index = jumpSearch(arr, x, n);

    // Imprime el índice donde se encuentra
'x'
    count << "\nNumber " << x << " is at
index " << index;
    return 0;
}
```

La salida de este código: El número 55 está en el índice 10

Hay que tener en cuenta los siguientes puntos cuando se escribe un algoritmo:

- Debe ordenar los elementos de la matriz antes de utilizar el algoritmo

- La longitud óptima que debe recorrer el compilador es $\sqrt{n}$. Por tanto, la complejidad temporal de este algoritmo es $O(\sqrt{n})$. Esto indica que los algoritmos de búsqueda binaria y de búsqueda lineal se realizan conjuntamente para garantizar que el algoritmo no sea demasiado complejo

- El algoritmo de búsqueda por saltos no es tan bueno como el algoritmo de búsqueda binaria en términos de eficiencia, pero es mejor que el algoritmo de búsqueda binaria ya que el compilador sólo se mueve una vez a través de la matriz. Si el algoritmo de búsqueda binaria es demasiado caro en términos de memoria y tiempo, utilice en su lugar el algoritmo de búsqueda por saltos

Algoritmos de clasificación

Puede utilizar diferentes algoritmos de ordenación para ordenar una lista de elementos o una matriz dada en función del operador de comparación utilizado al definir el algoritmo. Este operador de comparación decidirá el orden de los elementos en la nueva estructura de datos.

Terminología de clasificación

Antes de ver los diferentes algoritmos de ordenación que puede utilizar en programación, definiremos algunos términos que debe entender antes de empezar a utilizar los algoritmos de ordenación.

Clasificación externa e interna

El algoritmo de ordenación externa no utiliza mucho espacio en la memoria. Los elementos de la matriz no se cargan en la memoria y, por lo tanto, este mecanismo de ordenación se utiliza a menudo para ordenar grandes volúmenes de datos. La ordenación por fusión es un ejemplo de algoritmo de ordenación externa, y lo veremos con más detalle más adelante en el libro. A diferencia del algoritmo de ordenación externa, un algoritmo de ordenación interna utiliza mucho espacio en la memoria.

Clasificación en el lugar

Si sólo quiere cambiar una entrada determinada o reordenar los elementos de la entrada, puede utilizar un algoritmo de ordenación. Este algoritmo sólo ordenará la lista de elementos de la matriz cambiando el orden de los elementos dentro de la misma lista. Por ejemplo, puede utilizar los algoritmos de ordenación por selección e inserción para ordenar una lista de elementos. La ordenación por fusión y otros algoritmos de ordenación no son algoritmos de ordenación en el lugar.

Estabilidad

Si tiene varias claves en el conjunto de datos, debe tener en cuenta la estabilidad del algoritmo que desea utilizar. Por ejemplo, elimine los duplicados de su lista si tiene algunos nombres en el algoritmo que está utilizando como claves. Por lo tanto, tiene sentido que ordene la información en la estructura de datos basándose en estas claves.

¿Qué es la estabilidad?

Cuando se tienen claves duplicadas en una lista, el algoritmo de ordenación debe garantizar que estas claves aparezcan en el mismo orden cuando se ordene la salida. Sólo cuando esto ocurre se dice que un algoritmo de ordenación es estable. Si quiere definir esto matemáticamente

Definamos la matriz de elementos como A. Definiremos la ordenación débil estricta como '<' en los elementos de la matriz. El algoritmo de ordenación será entonces estable si:

```
i<j y A(i) = A (j) implica C(i) < C(j)
```

Donde C. denota la permutación de ordenación, significa que el algoritmo de ordenación moverá el elemento en A(i) a C(i). En palabras sencillas, se puede definir la estabilidad de un algoritmo de ordenación en función de la posición relativa de las variables en el algoritmo.

Mirando a las matrices simples

Si tiene una lista de elementos en la que un solo elemento es la clave, la estabilidad del algoritmo no será un problema. La estabilidad de un algoritmo no será un problema, aunque las claves sean todas diferentes.

Consideremos el siguiente conjunto de datos en el que tenemos los nombres de los estudiantes con sus secciones.

```
(Juan, A)
(Betty, C)
(Jane, C)
```

```
(David, B)
(Erica, B)
```

Si ordena al algoritmo que ordene los datos basándose sólo en el nombre, la salida resultante tendrá una lista que no está completamente ordenada.

```
(Betty, C)
(Erica, B)
(David, B)
(Jane, C)
(Juan, A)
```

Por lo tanto, en este caso, es posible que también tenga que ordenar el algoritmo en función de la sección. Si el algoritmo de ordenación no es estable, obtendrá el siguiente resultado:

```
(Juan, A)
(David, B)
 (Erica, B)
 (Jane, C)
 (Betty, C)
```

Si observa la salida, sabrá que el conjunto de datos está ordenado en función de las secciones y no de los nombres. Si observa el orden de los elementos, verá que se pierde la relatividad en el algoritmo de ordenación. Si tiene un algoritmo de ordenación estable, su salida será la siguiente:

```
(Juan, A)
(David, B)
(Erica, B)
(Betty, C)
(Jane, C)
```

Si observa la salida anterior, puede ver que el orden relativo se mantiene entre las tuplas. Podría darse el caso de que el orden se mantenga incluso en un algoritmo de ordenación inestable, pero es muy poco probable.

Algoritmos de ordenación estables

Algunos algoritmos estables son:

1. Ordenación del recuento

2. Ordenación de la fusión

3. Ordenación de la inserción

4. Clasificación de burbujas

Los algoritmos de ordenación como el de inserción y el de fusión ordenan los datos en función de los siguientes parámetros: El elemento A(i) vendrá antes que A(j) si A(i)<A(j) donde i y j denotan los índices. El orden relativo de los elementos en la matriz se conserva desde i<j. Al igual que la ordenación por conteo, otros algoritmos de ordenación mantienen la estabilidad en el algoritmo ordenando el conjunto de datos en orden inverso, de modo que los elementos tienen la misma posición relativa. La ordenación Radix, otro algoritmo de ordenación estable, depende de otra ordenación realizada donde el único requisito es que la primera ordenación sea estable.

Algoritmos de ordenación inestables

Heapsort, quick sort, etc. , son algunos algoritmos de ordenación inestables, pero puede hacerlos estables si se fija en la posición relativa de los elementos. Puede realizar este cambio sin comprometer el rendimiento del algoritmo.

Algoritmos comunes

Ordenación rápida

Este algoritmo utiliza el concepto del algoritmo "divide y vencerás". Elige los elementos de un array y los divide en segmentos. A continuación, elige un elemento de la matriz como pivote y divide la matriz en segmentos basándose en el pivote. Puede realizar una ordenación rápida utilizando uno de los siguientes métodos:

1. Elija la mediana de los elementos como pivote

2. Elija el último elemento de la matriz como pivote

3. Elija cualquier elemento aleatorio como pivote

4. Elija el primer elemento de la matriz como pivote

La parte importante de este proceso es la función de partición o utilidad. El objetivo de esta función es ordenar los elementos de una matriz basándose en un pivote. Así, tomará el pivote, colocará ese pivote en el centro y ordenará los demás elementos alrededor de ese pivote.

Implementación

```c
#include<stdio.h>
// Ahora introduciremos una función de
utilidad utilizada para intercambiar dos
elementos en la matriz
void swap(int* a, int* b)
{
    int t = *a;
    *a = *b;
    *b = t;
}
/* Esta función de utilidad utiliza el
último elemento como pivot y coloca el
elemento pivot en su posición correcta en el
array ordenado. A continuación, la función
coloca todos los elementos menores (más
pequeños que el pivot) a la izquierda del
pivot y todos los elementos mayores de la
matriz a la derecha del elemento pivot */
int partition (int arr[], int low, int high)
{
    int pivot = arr[high];    // pivot
    int i = (low - 1);   // Indice del
element mas pequeño

    for (int j = low; j <= high- 1; j++)
    {
        // Si el elemento actual es menor
que el pivot
        if (arr[j] < pivot)
        {
            i++;// incrementar el índice del
elemento más pequeño
            swap(&arr[i], &arr[j]);
        }
    }
```

```c
    swap(&arr[i + 1], &arr[high]);
    return (i + 1);
}

/* La función principal que implementa
QuickSort
 arr[] --> Matriz a ordenar,
  Low --> índice inicial,
  High --> Índice de finalización */
void quickSort(int arr[], int low, int high)
{
    if (low < high)
    {
        /* pi es el índice de partición,
arr[p] esta
            en el lugar correcto */
        int pi = partition(arr, low, high);

        // Ordenar por separado los
elementos antes de
        // partición y después de la
partición
        quickSort(arr, low, pi - 1);
        quickSort(arr, pi + 1, high);
    }
}

/* Función para imprimir un array */
void printArray(int arr[], int size)
{
        int i;
    for (i=0; i < size; i++)
        printf("%d ", arr[i]);
    printf("n");
}
```

```
// Programa controlador para probar las
funciones anteriores
int main()
{
    int arr[] = {10, 7, 8, 9, 1, 5};
    int n = sizeof(arr)/sizeof(arr[0]);
    quickSort(arr, 0, n-1);
    printf("Matriz ordenada: n");
    printArray(arr, n);
    return 0;
}
```

Entender el algoritmo de partición

```
/* low --> índice inicial, high --> índice
final */
quickSort(arr[], low, high)
{
    if (low < high)
    {
        /* pi es el índice de partición,
arr[pi] es ahora
            en el lugar correcto */
        pi = partition(arr, low, high);

        quickSort(arr, low, pi - 1); //
Antes de pi
        quickSort(arr, pi + 1, high); //
Después de pi
    }
}
El pseudocódigo del algoritmo de partición
es:
/* low --> índice inicial, high --> índice
final */
quickSort(arr[], low, high)
{
```

```
    if (low < high)
    {
        /* pi es el índice de partición,
arr[pi] es ahora
            en el lugar correcto */
                pi = partition(arr, low,
high);


        quickSort(arr, low, pi - 1); //
Antes de pi
        quickSort(arr, pi + 1, high); //
Después de pi
    }
}
/* Esta función toma el último elemento como
pivot, coloca
    el elemento pivotante en su posición
correcta en ordenada
    array, y coloca todos los más pequeños
(más pequeños que el pivot)
    a la izquierda del pivot y todos los
elementos mayores a la derecha del pivot */
partition (arr[], low, high)
{
    // pivot (Elemento a colocar en la
posición correcta)
    pivot = arr[high];

    i = (low - 1) // Índice del elemento más
pequeño

    for (j = low; j <= high 1; j++)
    {
        // Si el elemento actual es menor
que el pivote
```

```
        if (arr[j] < pivot)
        {
            i++; // incrementar el índice
del elemento más pequeño
            swap arr[i] y arr[j]
        }
    }
    swap arr[i + 1] y arr[high])
    return (i + 1)
}
```

Veamos la ilustración de esta función:
arr[] = {10, 80, 30, 90, 40, 50, 70}
Índices: 0 1 2 3 4 5 6

low = 0, high = 6, pivot = arr[h] = 70
Inicializar el índice del elemento más
pequeño, i = -1

Recorrer los elementos desde j = low hasta
high-1
j = 0 : Dado que arr[j] <= pivot, i++ y
swap(arr[i], arr[j])
i = 0
arr[] = {10, 80, 30, 90, 40, 50, 70} // No
hay cambios como i y j
                                  // son
iguales

j = 1 : Como arr[j] > pivot, no haga nada
// No hay cambios en i y arr[]

j = 2 : Dado que arr[j] <= pivote, i++ y
swap(arr[i], arr[j])
i = 1
arr[] = {10, 30, 80, 90, 40, 50, 70} // Swap
80 y 30

```
j = 3 : Como arr[j] > pivot, no haga nada
// No hay cambios en i y arr[]

j = 4 : Dado que arr[j] <= pivot, hacer i++
y swap(arr[i], arr[j])
i = 2
arr[] = {10, 30, 40, 90, 80, 50, 70} // 80 y
40 swap
j = 5 : Como arr[j] <= pivot, i++ swap
arr[i] con arr[j]
i = 3
arr[] = {10, 30, 40, 50, 80, 90, 70} // 90 y
50 swap
```

Salimos del bucle porque j es ahora igual a alto-1.

Finalmente colocamos el pivote en la posición correcta intercambiando

```
arr[i+1] y arr[high] (o pivot)
arr[] = {10, 30, 40, 50, 70, 90, 80} // 80 y
70 swap
```

Ahora el 70 está en su lugar correcto. Todos los elementos menores que 70 están antes de este, y todos los elementos mayores que 70 están después.

```
Veamos cómo implementar este algoritmo en
C++:
/* Implementación en C++ de QuickSort */
#include <bits/stdc++.h>
using namespace std;
```

```
// Una función de utilidad para intercambiar
dos elementos
void swap(int* a, int* b)
{
    int t = *a;
    *a = *b;
    *b = t;
}


/* Esta función toma el último elemento como
pivot, coloca
```

el elemento pivotante en su posición correcta en ordenada

array, y coloca todos los más pequeños (más pequeños que el pivot)

a la izquierda del pivot y todos los elementos mayores a la derecha
del pivot */

```
int partition (int arr[], int low, int high)
{
    int pivot = arr[high]; // pivot
    int i = (low - 1); // Índice del
elemento más pequeño

    for (int j = low; j <= high - 1; j++)
    {
        // Si el elemento actual es menor
que el pivot
        if (arr[j] < pivot)
        {
            i++; // incrementar el índice
del elemento más pequeño
            swap(& arr[i], & arr[j]);
        }
    }
```

```
        swap(& arr[i + 1], & arr[high]);
        return (i + 1);
}

/* La función principal que implementa
QuickSort
arr[] --> Matriz a ordenar,
low --> índice inicial,
high --> Índice de finalización */
void quickSort(int arr[], int low, int high)
{
    if (low < high)
    {
        /* pi es el índice de partición,
arr[p] es ahora
        en el lugar correcto */
        int pi = partition(arr, low, high);

        // Ordenar por separado los
elementos antes de
        // y después de la partición
        quickSort(arr, low, pi - 1);
        quickSort(arr, pi + 1, high);
    }
}

/* Función para imprimir un array */
void printArray(int arr[], int size)
{
    int i;
    for (i = 0; i < size; i++)
        cout << arr[i] << " ";
    cout << endl;
}

// Código del controlador
```

```cpp
int main()
{
    int arr[] = {10, 7, 8, 9, 1, 5};
    int n = sizeof(arr) / sizeof(arr[0]);
    quickSort(arr, 0, n - 1);
    cout << "Matriz ordenada: \n";
    printArray(arr, n);
    return 0;
}
```

Ordenación de la selección

El algoritmo de ordenación por selección divide la matriz en segmentos y ordena cada segmento buscando el elemento mínimo en el segmento no ordenado y moviéndolo al frente de la matriz. El algoritmo mantiene dos segmentos:

1. El segmento clasificado

2. La parte restante de la matriz, el algoritmo debe ordenar

El algoritmo desplaza el elemento mínimo del segmento no ordenado al segmento ordenado en cada iteración.

Consideremos el siguiente ejemplo:

Tenemos una matriz array1[] = {10, 65, 40, 12, 22}. El objetivo es encontrar el elemento mínimo en el array anterior y moverlo al principio del array. Como el elemento mínimo está al principio de la matriz, ésta no cambiará.

```cpp
array1[] = {10, 65, 40, 12, 22}
```

Ahora, el algoritmo buscará el elemento mínimo entre el segundo y el último elemento y lo trasladará al más pequeño al principio. El array tendrá ahora el siguiente aspecto:

```
array1[] = {10, 12, 65, 40, 22}
```

El algoritmo seguirá dividiendo la matriz en segmentos, y la salida será:

```
array1[] = {10, 12, 22, 40, 65}
```

Implementación

```c
#include<stdio.h>
int main(){
    /* En este programa, las variables i y j
son contadores de bucle. La variable temp se
utiliza para el intercambio, y mantiene el
número total de elementos de la matriz.
    * La variable number[] se utiliza para
almacenar todos los elementos de entrada de
la matriz, y el tamaño de esta matriz
cambiará en función de la necesidad. */
    int, j, count, temp, number[25];
    printf("Número de elementos: ");
    scanf("%d",&count);
    printf("Introduzca %d elementos: ",
count);
    // Bucle para obtener los elementos
almacenados en el array
    for(i=0;i< count;i++)
        scanf("%d",&number[i]);
    // Lógica del algoritmo de ordenación por
selección
    for(i=0;i< count;i++){
        for(j=i+1;j< count;j++){
```

```
        if(number[i]>number[j]){
            temp=number[i];
            number[i]=number[j];
            number[j]=temp;
        }
    }
}
printf("Elementos ordenados: ");
for(i=0;i< count;i++)
    printf(" %d",number[i]);
return 0;
}
```

Clasificación de burbujas

El algoritmo de ordenación de burbujas es un algoritmo de ordenación muy sencillo y fácil de usar. Compara elementos adyacentes y ordena los elementos basándose en el orden ascendente. Si la posición de los elementos no necesita cambiar, los elementos se ordenan. A continuación se indica el proceso que se sigue con este algoritmo de ordenación:

1. Definir la matriz y sus elementos

2. Utilice una declaración para calcular la longitud de la matriz y almacenar el número en la variable 'n'

3. Se deben realizar los siguientes pasos para los elementos de la matriz:

4. Utilice el bucle que cubre los elementos que comienzan con el índice (i) = 1 y terminan en n y otro bucle para cada

elemento que comienza con el índice (j) = n y termina en i+1, realice los siguientes pasos:

    a. Si A[j] < A[j-1]

    b. Mover el elemento en el índice Array [j] a la posición Array [j-1]

5. Terminar el algoritmo

Considere el siguiente ejemplo:

Primera pasada:

```
( 5 1 4 2 8 ) -> ( 1 5 4 2 8 )
```

En este paso, el algoritmo comparará los elementos de la matriz e intercambiará los números 1 y 5.

```
( 1 5 4 2 8 ) -> ( 1 4 5 2 8 )
```

En este paso, los números 4 y 5 se intercambian ya que el número 5 es mayor que el 4.

```
( 1 4 5 2 8 ) -> ( 1 4 2 5 8 )
```

En este paso, se intercambian los números 5 y 2.

```
( 1 4 2 5 8 ) -> ( 1 4 2 5 8 )
```

En el último paso, los elementos están ordenados, por lo que ya no es necesario el intercambio.

Segunda pasada:

```
( 1 4 2 5 8 ) -> ( 1 4 2 5 8 )
( 1 4 2 5 8 ) -> ( 1 2 4 5 8 )
```

En este paso, se intercambian los números 4 y 2, ya que el número 4 es mayor que el 2.

```
( 1 2 4 5 8 ) -> ( 1 2 4 5 8 )
( 1 2 4 5 8 ) -> ( 1 2 4 5 8 )
```

Como el compilador no puede determinar que la matriz está ordenada, volverá a ejecutar el código.

Tercera pasada:

```
( 1 2 4 5 8 ) -> ( 1 2 4 5 8 )
( 1 2 4 5 8 ) -> ( 1 2 4 5 8 )
( 1 2 4 5 8 ) -> ( 1 2 4 5 8 )
( 1 2 4 5 8 ) -> ( 1 2 4 5 8 )
```

Considere las siguientes implementaciones del algoritmo de ordenación de burbujas:

```cpp
// Implementación del algoritmo en C++
#include <bits/stdc++.h>
using namespace std;

void swap(int *xp, int *yp)
{
    int temp = *xp;
    *xp = *yp;
    *yp = temp;
}
```

```cpp
// Una función para implementar la
ordenación de burbujas
void bubbleSort(int arr[], int n)
{
    int i, j;
    for (i = 0; i < n-1; i++)

    // Los últimos elementos i ya están en
su sitio
    for (j = 0; j < n-i-1; j++)
        if (arr[j] > arr[j+1])
            swap(& arr[j], & arr[j+1]);
}

/* Función para imprimir un array */
void printArray(int arr[], int size)
{
    int i;
    for (i = 0; i < size; i++)
        cout << arr[i] << " ";
    cout << endl;
}

// Código del controlador
int main()
{
    int arr[] = {64, 34, 25, 12, 22, 11,
90};
    int n = sizeof(arr)/sizeof(arr[0]);
    bubbleSort(arr, n);
    cout<<"Matriz ordenada: \n";
    printArray(arr, n);
    return 0;
}
```

La salida de este código es:

Matriz ordenada:

```
11 12 22 25 34 64 90
```

Ordenación de la inserción

El algoritmo de ordenación por inserción es muy sencillo de utilizar. El algoritmo funciona de la misma manera que el proceso que se utiliza para ordenar las cartas. El algoritmo sigue el siguiente proceso:

1. Cree un array con cualquier número de elementos y defínalo con el siguiente método: array1 [n]

2. Utilice una función de bucle y ejecútela desde el primer elemento de la matriz hasta el final de esta. Ahora, elija el elemento e insértelo en la secuencia

3. Añade una condición para que el elemento se incluya en el array en función de su tamaño

4. Terminar el algoritmo

Consideremos el siguiente ejemplo:

Defina un array Array1[5] y añada variables a ese array: Array1[] = {12, 11, 13, 5, 6}. Ahora, añada un bucle al array y comience la función desde el primer elemento. El bucle debe moverse hasta el último elemento de la matriz. Como el segundo número es menor que el primero, el algoritmo lo moverá antes del 11.

```
Array1[] = {11, 12, 13, 5, 6}
```

El bucle se desplaza ahora al tercer elemento de la matriz, pero la matriz cambiará ya que los elementos anteriores al tercer elemento son más pequeños que el tercer elemento.

```
Array1[] = {11, 12, 13, 5, 6}
```

Ahora, el bucle se desplaza al cuarto elemento de la matriz. Compara los otros elementos de la matriz con los números anteriores de la misma. Como el número es más pequeño que todos los demás números, se moverá al frente.

```
Array1[] = {5, 11, 12, 13, 6}
```

El bucle se desplaza finalmente al último número de la matriz, y como este número es menor que los tres números anteriores pero mayor que el primero, se desplazará a la segunda posición.

```
Array1[] = {5, 6, 11, 12, 13}
```

Implementación

```
#include < math.h>
#include < stdio.h>
  /* Función para ordenar un array
utilizando la ordenación por inserción*/
void insertionSort(int arr[], int n)
{
    int, key, j;
    for (i = 1; i < n; i++) {
        key = arr[i];
        j = i - 1;
        /* Mover los elementos de
arr[0..i-1], que son
```

```
                    mayor que la key, a una posición
        por delante
                de su posición actual */
                while (j >= 0 && arr[j] > key) {
                    arr[j + 1] = arr[j];
                    j = j - 1;
                }
                arr[j + 1] = key;
            }
        }
          // Una función de utilidad para imprimir
        una matriz de tamaño n
        void printArray(int arr[], int n)
        {
            int i;
            for (i = 0; i < n; i++)
                printf("%d ", arr[i]);
            printf("\n");
        }
          /* Programa controlador para probar la
        ordenación de la inserción */
        int main()
        {
            int arr[] = { 12, 11, 13, 5, 6 };
            int n = sizeof(arr) / sizeof(arr[0]);
              insertionSort(arr, n);
            printArray(arr, n);
              return 0;
        }
```

Ordenación por fusión

Al igual que el algoritmo de ordenación rápida, el algoritmo de ordenación por fusión también es un algoritmo de dividir y vencer. En este algoritmo de ordenación, el array de entrada se divide en dos mitades. Se llamará al algoritmo de ordenación para que ordene los elementos de cada una de las mitades y luego fusione el array en uno solo. Puede utilizar la función de fusión para fusionar las dos mitades. Debe introducir los siguientes parámetros cuando realice un algoritmo de ordenación por fusión:

1. La matriz de entrada, junto con sus elementos

2. Primera mitad ordenada

3. Segunda mitad ordenada

Utilizando el algoritmo de ordenación por fusión, puede fusionar las dos matrices. Veamos primero cómo funciona el algoritmo antes de ver la implementación.

1. Definir el array y añadirle los elementos

2. Dividir la matriz en mitades y ordenar los elementos de cada mitad

3. Utilice la función de fusión para combinar las matrices ordenadas

4. Terminar el algoritmo

Implementación

```
// Con este código, fusionaremos dos
submatrices del array arr[]. La primera
submatriz es arr[l..m], y la segunda es
arr[m+1..r]
void merge(int arr[], int l, int m, int r)
{
```

```
int i, j, k;
int n1 = m - 1 + 1;
int n2 = r - m;

/* crear matrices temporales */
int L[n1], R[n2];

/* Copiar los datos a las matrices
temporales L[] y R[] */
    for (i = 0; i < n1; i++)
        L[i] = arr[l + i];
    for (j = 0; j < n2; j++)
        R[j] = arr[m + 1+ j];

/* Combinar las matrices temporales de
nuevo en arr[l..r]*/
    i = 0; // Índice inicial de la primera
submatriz
    j = 0; // Índice inicial de la segunda
submatriz
    k = l; // Índice inicial de la submatriz
fusionada
    while (i < n1 && j < n2)
    {
        if (L[i] <= R[j])
        {
            arr[k] = L[i];
            i++;
        }
        else
        {
            arr[k] = R[j];
            j++;
        }
        k++;
    }
```

```
    /* Copiar los elementos restantes de
L[], si es que hay */
    mientras (i < n1)
    {
        arr[k] = L[i];
        i++;
        k++;
    }


    /* Copiar los elementos restantes de
R[], si es que hay */
    mientras (j < n2)
    {
        arr[k] = R[j];
        j++;
        k++;
    }
}

/* l es para el índice izquierdo y r es el
índice derecho del
    submatriz de arr a ordenar */
void mergeSort(int arr[], int l, int r)
{
    if (l < r)
    {
        // Igual que (l+r)/2, pero evita el
desbordamiento para
        // grandes l y h
        int m = l+(r-l)/2;

        // Ordenar la primera y la segunda
mitad
        mergeSort(arr, l, m);
```

```c
        mergeSort(arr, m+1, r);

        fusionar(arr, l, m, r);
    }
}


/* FUNCIONES DE UTILIDAD */
/* Función para imprimir un array */
void printArray(int A[], int size)
{
    int i;
    for (i=0; i < size; i++)
        printf("%d ", A[i]);
    printf("\n");
}

/* Programa controlador para probar las
funciones anteriores */
int main()
{
    int arr[] = {12, 11, 13, 5, 6, 7};
    int arr_size =
sizeof(arr)/sizeof(arr[0]);

    printf("La matriz dada es \Nn");
    printArray(arr, arr_tamaño);

    mergeSort(arr, 0, arr_size - 1);

    printf("\NLa matriz ordenada es \Nn");
    printArray(arr, arr_tamaño);
    return 0;
}
```

Capítulo 11

Control del bucle y toma de decisiones

Como se ha mencionado anteriormente, la mayoría de los algoritmos utilizan bucles y declaraciones de decisión. Por lo tanto, es importante entender cómo ejecutar estos algoritmos en cualquier lenguaje de programación. Cualquier lenguaje de programación ejecuta el código de forma secuencial. Esto significa que la primera declaración se ejecuta antes de que el compilador pase a la siguiente. Sin embargo, puede controlar esto utilizando bucles y declaraciones condicionales. Estas funciones le permiten realizar operaciones complejas sobre los datos.

Toma de decisiones

Esta es una pieza clave de la programación, y un programador necesita saber cómo utilizar las declaraciones de decisión para realizar ciertas funciones. Las estructuras de las declaraciones de decisión incluyen al menos una condición que debe ser evaluada y comprobada por el programa. También tiene una o más declaraciones que el compilador debe ejecutar en función del valor de la condición. También puede incluir otras declaraciones que se ejecuten si la condición es falsa. Las siguientes son las

137

declaraciones de toma de decisión en la mayoría de los lenguajes de programación:

?: Operador

Ya hemos hablado de esto anteriormente. El?: es un operador condicional que se utiliza en lugar de una declaración if...else, y su formato es algo parecido:

¿Estado1? Estado2 : Estado3 ;

Estado1, Estado2 y Estado3 son todas expresiones - observe el uso de los dos puntos y su colocación.

Para saber cuál es el valor de la expresión completa, se evalúa primero el Estado1:

Si el Estado1 tiene un valor de Verdadero, el valor del Estado2 será entonces el valor de la expresión completa

Si el Estado1 se evalúa como falso, entonces se evaluará el Estado3, y el valor del Estado3 será el valor de la expresión completa.

Declaración If

La declaración if es la condición de decisión más utilizada en programación. La condición tiene una expresión booleana y una o más declaraciones en el cuerpo.

Declaración If Else

Esta declaración puede ir seguida de una declaración else, que es opcional, que se ejecutará si la expresión booleana se evalúa como falsa

Anidado if

Si quiere probar muchas condiciones, utilice una declaración if anidada, ya que puede incluir varias declaraciones if y una condición else.

Declaración Switch

La condición que se utiliza cuando se quiere comprobar la igualdad de una variable con una lista de valores dados

Declaraciones de bucle

Si desea ejecutar declaraciones numerosas veces en algunas líneas de código, utilice bucles. La mayoría de los lenguajes de programación tienen tres bucles comunes:

1. For loop

2. While loop

3. Do While loop

For loop

Un bucle for ejecuta una declaración numerosas veces en función de la condición establecida en los parámetros. La variable del bucle controla el número de veces que se ejecuta el bucle. La sintaxis de este bucle es

```
para (inicialización; condición;
actualización)
{
      Cuerpo;
}
```

En el bucle for, la variable del bucle se inicializa en los parámetros de la función, y el valor se incrementa o disminuye dentro del cuerpo del bucle. La condición en la función anterior dará como resultado una salida booleana - ya sea verdadera o falsa, y determina el número de veces que se ejecuta el bucle. Si la condición devuelve falso, el bucle se romperá y se ejecutarán las sentencias posteriores al bucle. Si la condición no se rompe, el bucle continúa ejecutándose indefinidamente.

Considere el siguiente ejemplo de un bucle for en el que queremos imprimir los números 0 - 10:

```
for (int i = 0; i <= 10; i++)
{
Console.Write(i + " ");
}
```

Puede utilizar el bucle para realizar funciones complicadas. Por ejemplo, puede calcular la potencia (m) de un número (n).

```
Console.Write("n = ");
int n = int.Parse(Console.ReadLine());
Console.Write("m = ");
int m = int.Parse(Console.ReadLine());
```

```
resultado decimal = 1;
for (int i = 0; i < m; i++)
{
resultado *= n;
}
Console.WriteLine("n^m = " + resultado);
```

En el código anterior, calculamos la potencia del número dentro del cuerpo del bucle. La condición que hemos establecido es la potencia (m). Los bucles For también pueden tener dos variables definidas e inicializadas dentro de la condición.

```
for (int small=1, large=10; small<large;
small++, large--)
{
Console.WriteLine(small + " " + large);
}
```

While loop

Utilizando el bucle while, puede repetir una o más declaraciones en el cuerpo del bucle en función de la condición. La condición se comprueba antes de que se ejecute el cuerpo del bucle.

```
La sintaxis del bucle es la siguiente:
while (condición)
{
      Cuerpo;
}
```

Considere el siguiente ejemplo en el que queremos imprimir los números 0 - 9 en la ventana de salida.

```
// Inicializar la variable del contador
int count = 0;
```

```
// Configurar el bucle con la condición
requerida
while (count <= 9)
{
// Imprimir la variable en la pantalla de
salida
Console.WriteLine("Número : " + count);
// Operador incremental
counter++;
}
El código dará el siguiente resultado:
Número: 0
Número: 1
Número: 2
Número: 3
Número: 4
Número: 5
Número: 6
Número: 7
Número: 8
Número: 9
Veamos ahora cómo calcular la suma de los
números 1 - 10.
int count = 0;
int sum = 0;
while (count <= 10)
{
suma=sum+count;
count++;
}
Console.WriteLine("La suma es" + sum);
```

Puede hacerlo de diferentes maneras, dependiendo de si quiere utilizar bucles o no. También podemos utilizar el bucle while para trabajar en otros cálculos matemáticos. El programa siguiente comprueba si un número introducido es un número primo o no.

```
Console.Write("Introduzca un número
positivo: ");
int num = int.Parse(Console.ReadLine());
int divisor = 2; //almacena el valor del
divisor potencial
int maxDivider = (int)Math.Sqrt(num);
bool prime = true;
while (prime && (divisor <= maxDivider))
{
if (num % divider == 0)
{
prime = false;
}
divider++;
}
Console.WriteLine("¿Prime? " + prime);
```

Bucle Do While

El bucle do...while es como el bucle while, excepto que el cuerpo del bucle se ejecuta antes de comprobar la condición. Esto significa que el bucle se ejecutará una vez, incluso si la condición introducida es falsa.

```
La sintaxis del bucle es la siguiente:
do
{
      Cuerpo;
} while (condición);
```

Una vez que se ejecutan las declaraciones en el cuerpo, se comprueba la condición. Si la condición es verdadera, entonces el bucle se ejecuta de nuevo. Esta función se repite hasta que la condición sea falsa. El cuerpo del bucle se ejecuta al menos una vez, ya que la condición se comprueba sólo después de que se ejecute el cuerpo.

```
En el siguiente ejemplo, calcularemos el
factorial de un número.
utilizando System;
usando System.Numerics;
clase Factorial
{
static void Main()
{
Console.Write("n = ");
int n = int.Parse(Console.ReadLine());
BigInteger factorial = 1;
do
{
factorial *= n;
n--;
} while (n > 0);
Console.WriteLine("n! = " + factorial);
}
}
```

Si ejecuta el programa ahora, puede obtener el factorial de cualquier número que elija.

Declaraciones de control de bucle

Las declaraciones de control de bucle se utilizan para cambiar la secuencia normal de ejecución. Cuando la ejecución sale de su ámbito, es decir, termina lo que se propuso hacer, todos los objetos que se crearon automáticamente en el ámbito son entonces destruidos.

Las siguientes declaraciones de control son compatibles con la mayoría de los lenguajes de programación:

Declaración de ruptura

Este operador puede utilizarse para salir de un bucle. Hay ocasiones en las que podemos escribir un código incorrecto, y el bucle se ejecutará indefinidamente. En esos momentos, el operador break, resulta muy útil, ya que le sacará automáticamente del bucle. Esta declaración sólo puede escribirse dentro del bucle si desea que la iteración termine de producirse. El código después de la declaración break no se ejecuta. El siguiente ejemplo le mostrará el código utilizado para calcular el factorial de un número.

```
int n = int.Parse(Console.ReadLine());
// "decimal" es el tipo de datos más grande
que puede contener valores int
factorial decimal = 1;
// Realizar un "bucle infinito"
mientras (verdadero)
{
If (n<=1)
{
    break;
}
factorial *= n;
n--;
}
Console.WriteLine("n! = " + factorial);
```

Hemos inicializado una variable llamada factorial para leer las variables de 1 - n en la consola. Como la condición es verdadera, esto crea un bucle sin fin. Aquí la declaración break detendrá el funcionamiento del bucle cuando el valor de n sea menor o igual a 1. El bucle continuará ejecutándose si la condición de la declaración if no es verdadera.

Bucle foreach

El bucle foreach es una extensión del bucle for en algunos lenguajes de programación, como C, C++ y C#, pero es un bucle muy conocido. También lo utilizan los programadores de PHP y VB. Este bucle itera y realiza operaciones sobre todos los elementos de una matriz o lista. Operará sobre todas las variables incluso si la lista o array no está indexada. La sintaxis del bucle es la siguiente:

```
foreach (variable de tipo en la colección)
{
        Cuerpo;
}
```

Un bucle foreach es como el bucle for, pero la mayoría de los programadores prefieren este tipo de bucle ya que ahorra la escritura de un código para recorrer todos los elementos de la lista. Considere el siguiente ejemplo para ver cómo funciona un bucle foreach:

```
int[] números = { 2, 3, 5, 7, 11, 13, 17, 19
};
foreach (int i en números)
{
Console.Write(" " + i);
```

```
}
Console.WriteLine();
string[] ciudades = { "Londres", "París",
"Milán", "Nueva York" };
foreach (string ciudad en ciudades)
{
Console.Write(" + ciudad);
}
```

En el ejemplo anterior, creamos una matriz y luego imprimimos esos números en la pantalla de salida utilizando un bucle foreach. Del mismo modo, se crea una matriz de cadenas, que luego se imprimen en la ventana de salida.

Bucles anidados

Como su nombre indica, un bucle anidado tiene varios bucles dentro del bucle principal. La sintaxis es la siguiente:

```
para (inicialización, verificación,
actualización)
{
para (inicialización, verificación,
actualización)
{
      Cuerpo;
}
}
```

Si la condición es verdadera en el bucle principal, se ejecutan las declaraciones dentro del bucle principal. Antes de escribir un código con bucles anidados, es importante escribir el algoritmo. Debe determinar cómo quiere organizar los bucles. Supongamos que quiere imprimir los números en el siguiente formato:

```
1
1 2
1 2 3
1 2 3 ...... n
```

Necesita dos bucles. El bucle exterior mira el número de líneas que se ejecutan y el bucle interior mira los elementos dentro de cada línea. El código se ha dado en el último capítulo.

Declaración Continue

La declaración continue hace que el bucle se salte el resto del cuerpo del bucle y compruebe de nuevo la condición antes de volver a iterar sobre la secuencia. El siguiente ejemplo describe la función.

```
int n = int.Parse(Console.ReadLine());
int sum = 0;
for (int i = 1; i <= n; i += 2)
{
if (i % 8 == 0)
{
continue;
}
sum += i;
}
Console.WriteLine("sum = " + sum);
```

En el programa anterior, calculamos la suma de los enteros no divisibles por 8. El bucle se ejecutará hasta que llegue a un número que no se pueda dividir por 8.

Capítulo 12

Introducción a las estructuras de datos

La mayoría de los lenguajes de programación le permiten utilizar estructuras de datos, como las listas y las matrices, y hemos visto brevemente lo que significan en el octavo capítulo. En este capítulo, veremos los diferentes métodos que puede utilizar para definir y utilizar una estructura de datos.

También aprenderá a utilizar estas estructuras de datos para definir numerosas variables o combinar diferentes elementos, ya sean variables de entrada o de salida, en todo el programa. Una estructura, sin embargo, le permite combinar diferentes variables y tipos de datos. Puede utilizar una estructura para definir o representar registros. Supongamos que quiere organizar la estantería de su biblioteca. Veremos cómo puede utilizar una estructura de datos para registrar diferentes atributos de cada libro. Para este ejemplo, veremos los siguientes atributos:

1. Identificación del libro

2. Título del libro

3. Género

4. Autor

La declaración Struct

Antes de definir cualquier estructura de datos, es importante utilizar la declaración struct para crear esa estructura en el programa. Tenga en cuenta que la declaración struct sólo funciona en los lenguajes C y C++. Sin embargo, otros lenguajes de programación utilizan una declaración diferente. También puede definir el número de elementos o miembros en el código.

Utilice la siguiente sintaxis para definir la estructura en su código:

```
struct [etiqueta de estructura] {
    definición de miembro;
    definición de miembro;
    ...
    definición de miembro;
} [una o más variables de estructura];
```

No es necesario utilizar la etiqueta de estructura cuando se utiliza la declaración struct. Utilice el método de definición de variables para describir cada miembro que desee utilizar en la estructura. Si no está seguro de cómo describir los datos, aprenda a no cometer errores. Por ejemplo, puede utilizar el método int i para definir una variable entera. La sección antes del punto y coma en la sintaxis de la estructura también es opcional. Es mejor mantenerla en el programa ya que usted define las variables que desea utilizar en la estructura. Continuando con el ejemplo anterior, definiremos la estructura del libro utilizando las siguientes líneas de código.

```
struct Books {
   int book_id;
   char book_title[50];
   char genre[50];
   char author[100];
} book;
```

Acceso a los miembros de la estructura

Es fácil acceder a los miembros de una estructura de datos utilizando un punto. Este punto se conoce como operador de acceso a miembros. Se utiliza como un descanso o punto entre los miembros de la estructura de datos y los nombres de las variables. Asegúrese de introducir el nombre de la variable a la que desea acceder. Puede definir la variable de toda la estructura utilizando la palabra clave struct. Considere las siguientes líneas de código para entender cómo puede utilizar las estructuras. Continuaremos con el ejemplo mencionado al principio del capítulo.

```
#include <iostream>
#include <cstring>
 using namespace std;
 struct Books {
    int book_id;
    char book_title[60];
    char genre[60];
    char author[40];
};
 int main() {
    struct Books Book1; // Utilizando esta
 declaración, puede declarar la primera
 variable llamada Book1 en la estructura de
 datos.
```

```
struct Books Book2; // Utilizando esta
declaración, puede declarar la primera
variable llamada Book2 en la estructura de
datos.
// Las siguientes líneas de código indicarán
al compilador cómo añadir detalles a la
primera variable
    Libro1.book_id = 1001;
    strcpy( Book1.book_title, "Eragon");
    strcpy( Book1.genre, " Fantasía");
    strcpy( Book1.author, "Christopher
Paolini");
// Las siguientes líneas añaden datos a la
segunda variable
    Book2.book_id = 1002;
    strcpy( Book2.book_title, "Eldest");
    strcpy( Book2.genre, "Fantasía");
    strcpy( Book2.author, "Christopher
Paolini");
// Utilizaremos las siguientes líneas de
código para imprimir los detalles de la
primera y segunda variables de la estructura
de datos
    cout << "Book 1 id: " << Book1.book_id
<<endl;
    cout << "Book 1 title: " <<
Book1.book_title <<endl;
    cout << "Book 1 genre: " << Book1.genre
<<endl;
    cout << "Book 1 author: " << Book1.author
<<endl;
    cout << "Book 2 id: " << Book2.book_id
<<endl;
    cout << "Book 2 title: " <<
Book2.book_title <<endl;
```

```
    cout << "Book 2 genre: " << Book2.genre
<<endl;
    cout << "Book 2 author: " << Book2.author
<<endl;
    return 0;
}
```

Salida:

El código anterior le dará la siguiente salida:

```
Book 1 id: 1001
Book 1 title: Eragon
Book 1 genre: Fantasía
Book 1 author: Christopher Paolini
Book 2 id: 1002
Book 2 title: Eldest
Book 2 genre: Fantasía
Book 2 author: Christopher Paolini
```

Uso de estructuras como argumentos

Una estructura de datos también puede ser llamada como argumento en una función. Esto funciona de la misma manera que usted pasaría cualquier variable o puntero como parámetro en la función. Para ello, sólo debe acceder a las variables de la forma en que lo hicimos en el ejemplo anterior.

```
#include <iostream>
#include <cstring>
 using namespace std;
 struct Books {
   int book_id;
   char book_title [60];
   char genre[60];
```

```c
    char author[40];
};
 int main() {
    struct Books Book1; // Utilizando esta
declaración, puede declarar la primera
variable llamada Book1 en la estructura de
datos.
    struct Books Book2; // Utilizando esta
declaración, puede declarar la primera
variable llamada Book2 en la estructura de
datos.
// Las siguientes líneas de código indicarán
al compilador cómo añadir detalles a la
primera variable
    Book1.book_id = 1001;
    strcpy( Book1.book_title, "Eragon");
    strcpy( Book1.genre, " Fantasía");
    strcpy( Book1.author, "Christopher
Paolini");
// Las siguientes líneas añaden datos a la
segunda variable
    Book2.book_id = 1002;
    strcpy( Book2.book_title, "Eldest");
    strcpy( Book2.genre, "Fantasía");
    strcpy( Book2.author, "Christopher
Paolini");
// Veamos ahora cómo puede especificar los
detalles de la segunda variable
    Book2.book_id = 130000;
    strcpy( Book2.book_title, "Harry Potter y
la cámara de los secretos");
    strcpy( Book2.genre, "Ficción");
    strcpy( Book2.author, "JK Rowling");
// Las siguientes declaraciones son para
imprimir los detalles de la primera y
segunda variables de la estructura
```

```
        printBook( Book1 );
        printBook( Book2 );
        return 0;
    }
    void printBook(struct Books book ) {
        cout << "Book id: " << book.book_id <<
    endl;
        cout << "Book title: " << book.book_title
    << endl;
        cout << "Book genre: " << book.genre <<
    endl;
        cout << "Book author: " << libro.autor<<
    endl;
    }
```

Salida:

Cuando se compila el código escrito anteriormente, se obtiene la siguiente salida:

```
Book 1 id: 120000
Book 1 title: Harry Potter y la piedra
filosofal
Book 1 genre: Ficción
Book 1 author: JK Rowling
Book 2 id: 130000
Book 2 title: Harry Potter y la cámara de
los secretos
Book 2 genre: Ficción
Book 2 author: JK Rowling
```

Uso de punteros en estructuras

También puede referirse a las estructuras utilizando punteros, y puede utilizar un puntero de forma similar a como definiría un puntero para las variables normales.

```
struct Books *struct_pointer;
```

Cuando utilice la declaración anterior, podrá utilizar la variable puntero definida para almacenar la dirección de las variables de la estructura.

```
struct_pointer = &Book1;
```

También puede utilizar un puntero para acceder a uno o varios miembros de la estructura. Para ello, debe utilizar el operador ->:

```
struct_pointer->title;
```

Reescribamos el ejemplo anterior para indicar un miembro o toda la estructura mediante un puntero.

```
#include <iostream>
#include <cstring>
 using namespace std;
void printBook( struct Books *book );
struct Books {
   int book_id;
   char book_title[50];
   char genre[50];
   char author[100];
};
 int main() {
   struct Books Book1; // Aquí se declara la
variable Book1 en la estructura Book
```

```
    struct Books Book2; // Aquí se declara la
variable Book2 en la estructura Book
// Veamos ahora cómo puede especificar los
detalles de la primera variable
    Book1.book_id = 1001;
    strcpy( Book1.book_title, "Eragon");
    strcpy( Book1.genre, "Fantasía");
    strcpy( Book1.author, "Christopher
Paolini");
// Veamos ahora cómo puede especificar los
detalles de la segunda variable
    Book2.book_id = 1002;
    strcpy( Book2.book_title, "Eldest");
    strcpy( Book2.genre, "Fantasía");
    strcpy( Book2.author, "Christopher
Paolini");
// Las siguientes declaraciones son para
imprimir los detalles de la primera y
segunda variables de la estructura
    printBook( Book1 );
    printBook( Book2 );
    return 0;
}
// Ahora utilizaremos una función que acepte
un puntero de estructura como parámetro.
void printBook( struct Books *book ) {
    cout << "Book id: " << book->book_id
<<endl;
    cout << "Book title: " << book-
>book_title <<endl;
    cout << "Book genre: " << book-
>genre<<endl;
    cout << "Book author: " << book->author
<<endl;
}
```

157

Al escribir el código anterior, se obtiene la siguiente salida:

```
Book id: 1001
Book title: Eragon
Book genre: Fantasía
Book author: Christopher Paolini
Book id: 1002
Book title: Eldest
Book genre: Fantasía
Book author: Christopher Paolini
```

Typedef Palabra clave

Si no puede definir la estructura de datos fácilmente utilizando los métodos anteriores, utilice una estructura de alias para definir la estructura. Considere el siguiente ejemplo:

```
typedef struct {
    int book_id;
    char book_title[50];
    char genre[50];
    char author[100];
} Books;
```

Es más fácil utilizar este proceso para definir la estructura ya que se definen las variables utilizadas en la estructura sin utilizar la palabra clave struct.

```
Books Book1, Book2;
```

Tenga en cuenta que una clave typedef no es necesaria para definir cualquier estructura de datos. También puede utilizarla para definir cualquier variable regular.

```
typedef long int *pint32;
```

```
pint32 x, y, z;
```

Las líneas de código anteriores muestran que el compilador señala
las variables x, y y z.

Capítulo 13

Comentarios y formato

En este capítulo, veremos algunos puntos con respecto a la escritura de comentarios y al formato del código. Aunque su algoritmo es la base del código, es importante describir cada paso importante del algoritmo cuando escriba el código. Sólo así será más fácil que la gente lea y entienda el código. Añada comentarios al código y determine cómo quiere explicar los comentarios. Como desarrollador, debe leer el código con regularidad y asegurarse de que es legible y comprensible. Por lo tanto, respete el formato y la sangría de su código.

Comentarios

Es importante entender cómo escribir comentarios de forma eficaz. La mayoría de la gente se pregunta si debe añadir un montón de comentarios para explicar cada línea de código. El problema con los comentarios es que a menudo se olvida de actualizarlos. Puede que quiera cambiar el código, pero es posible que ignore los comentarios. Esto significaría que los comentarios reflejan el código más antiguo.

Una cosa difícil de hacer es educar a un programador en la escritura de comentarios en el código. En el momento en que se cambia el código, también hay que cambiar los comentarios. Nunca debe olvidarse de actualizar los comentarios, ya que esto podría provocar problemas en el funcionamiento del código. Debe considerar los comentarios como documentación. Mantenga estos comentarios ya que es la única manera de explicar lo que hace su código. Asegúrese de añadir comentarios para expresar exactamente lo que ocurre en el código.

Características de buenos comentarios

Algunos comentarios son útiles, ya que añadirán algún valor al código.

Aclaración e intención

Los comentarios son la mejor manera de explicar su intención al escribir el código. Esto no significa que deba utilizar los comentarios para explicar cada línea de código. Su código debería hacerlo. Es importante explicar qué es lo que quería hacer en el código. En algunas situaciones, no puede expresar la intención que hay detrás de la escritura del código. Por esta razón, debe añadir algunos comentarios para explicar por qué realizó una acción específica. Es posible que algunos métodos se hayan utilizado para solucionar problemas de bibliotecas externas, o tal vez haya tenido que incorporar peticiones extrañas. Es importante explicar estas secciones con mayor detalle, sea cual sea.

```
// Código para comprobar si las variables de
entrada son válidas
function is_valid($first_name, $last_name,
$age) {
    if (
        !ctype_alpha($_POST['first_name'])
OR
        !ctype_alpha($_POST['last_name']) OR
        !ctype_digit($_POST['age'])
        ) {
        return false;
    }
    return true;
}
switch(animal) {
    case 1:
        cat();
        // falls through
    case 2:
        dog();
        break;
}
```

Informativo y legal

Es importante añadir comentarios al código por muchas razones. Algunas leyes también exigen que se escriban comentarios para explicar lo que significa cada línea del código. El código siempre puede ser escrito bajo términos de licencia específicos. Por lo tanto, es importante especificar el código. En estos casos, es importante especificar el código. Por lo tanto, es necesario añadir algunos comentarios para especificar el funcionamiento del código.

Si lo necesita, puede utilizar los comentarios para apuntar a URLs específicas en el documento. Esta es la única manera de explicar cómo está escrito el código. No tenga más de 200 líneas de comentarios para explicar esta información. Algunos comentarios pueden añadir valor al código, mientras que otros no. Por ejemplo, puede dar información sobre el método y el valor que devuelve el método. Tenga cuidado antes de colocar un comentario. También puede eliminar los comentarios si es necesario, pero es importante asegurarse de que explica exactamente lo que debe hacer el código.

Características de malos comentarios

Añadir comentarios innecesarios

Asegúrese de que sólo añada comentarios al código cuando deba hacerlo. No añada comentarios sólo porque se espera que lo haga. Esto afectará al aspecto del código. Si añade comentarios sin necesidad, acabará teniendo demasiada información innecesaria en su código. Puede terminar con muchos comentarios irrelevante0073. Esto hará que sea difícil leer el código o incluso entenderlo. Por lo tanto, evite añadir comentarios innecesarios.

Explicación del código

Es posible que tenga algún código que le resulte difícil de explicar, y probablemente sea porque no puede entender el código. Esto no significa que deba utilizar los comentarios como forma de resolver el problema. Asegúrese de reescribir el código y de cambiar el nombre de los elementos del código, como las funciones, las variables, las estructuras de datos y otros objetos, para que el lector entienda qué acción está realizando. En la mayoría de los casos, extraiga el método utilizando nombres útiles. Estos nombres facilitan al lector la comprensión de cómo el código utiliza el método.

Redundante

Si nombra el método o el campo con precisión, no tiene que comentar esa línea de código. Puede describir la función, el campo o el método mediante comentarios. No tiene que describir el ámbito de la variable. Por ejemplo, los métodos denominados "SendEmail" no requieren ningún comentario adicional. El nombre se explica por sí mismo. Esto es especialmente cierto cuando se llama a la variable. El método enviará el correo electrónico como salida. Otro ejemplo puede ser "storeValueForCurrentOrder". Esta variable significa que el valor del pedido actual se almacena en la variable. No escriba un comentario para explicar lo mismo. El comentario no añade ningún valor al código.

Marcadores de posición

No debe utilizar ningún marcador de posición en el código. No puede añadir ///// al código sólo para poder encontrar una parte específica del mismo.

Diario

Es importante documentar por qué cambia ciertas secciones del código. Debe anotar estos cambios ya que es la única manera de dar a otra persona una idea de por qué cambia el código. También es la única manera de que usted pueda determinar por qué ha cambiado el código. Algunos lenguajes de programación le permiten hacer un seguimiento de los cambios realizados en el código. Ahora, ya no necesita comentarios para rastrear los cambios, sino que puede activar el mecanismo de rastreo en el lenguaje.

Obligación, ruido y engaño

Desgraciadamente, no son muchos los que explican lo que piensan hacer con el código. Sólo por esta razón puede añadir comentarios frente a declaraciones intrascendentes. Algunos programadores pueden añadir líneas de código para decir que están imprimiendo una variable o enviando un correo electrónico. Estos comentarios son inútiles ya que no explican lo que se ha hecho para realizar esas operaciones. A veces puede tener errores en su código, y si tiene comentarios tan malos, no podrá identificar dónde está realmente el problema. Sólo podrá identificar el error una vez que haya leído todo el código, lo que hace que los comentarios escritos en el código sean inútiles.

Código feo

La gente suele utilizar comentarios en el código cuando éste es difícil de leer o de entender, es decir, un código feo. Los comentarios suelen utilizarse para arreglar las líneas de código. No haga bonito el código añadiendo comentarios. Si el código es feo, refactorice el código y actualícelo. Escríbalo de forma que le resulte más fácil ver lo que se hace exactamente en el código.

Formato

Formato y estilo de codificación

Tenga en cuenta que debe ceñirse a un solo estilo de formato cuando escriba el código. Si trabaja con un equipo, asegúrese de que éste sepa exactamente a qué estilo debe atenerse. Nunca pierda un tiempo precioso formateando el código. Hay diferentes maneras de formatear el código, y encontrará algunos ejemplos a lo largo del libro. En Internet también hay múltiples formatos a los que puede atenerse. Nunca cambie los estilos de formato en medio de la escritura del código. Si tiene varias personas en el equipo, comprenda cómo le gusta a cada una de ellas codificar y formatear el texto. Esto le ayudará a mantenerse abierto a los nuevos estándares de codificación y le permitirá aceptarlos. Asegúrese también de escribir bien el código.

Funciones

Las funciones dependen unas de otras y pueden heredar algunas funcionalidades o valores de otros módulos y funciones del código. Debe tener las funciones hijas en la función padre. Es más fácil hacer esto sólo si puede leer fácilmente el código que ha escrito. Ya no tendrá que navegar por el código para encontrar las funciones hijas en el código.

Indentación

Es muy importante aplicar una sangría a cualquier código que escriba. Siga la misma norma cuando escriba código. Hágalo incluso si necesita romper las reglas. Cuando se ciñe a las reglas de indentación, le resulta más fácil identificar las variables y otros aspectos importantes del código. Con las nuevas herramientas e IDEs, es fácil seguir las mismas normas de sangría en todo el código.

Código de afinidad

Asegúrese de que el código escrito para el mismo propósito, incluidas las variables, las funciones y los objetos, se mantiene en una sección del código. No escriba el código de forma que tenga que desplazarse por todo el archivo un millón de veces para encontrar la funcionalidad requerida.

Capítulo 14

Cómo depurar

No dedique demasiado tiempo a intentar depurar el código e identificar los problemas en él. Esté preparado para que existan errores en el código. Dedique mucho esfuerzo a depurar el código. Siga los pasos que se indican a continuación para prepararse para la ardua tarea. Esto le facilitará la evaluación del código y la realización de los cambios necesarios para garantizar que se compila sin errores.

Comprender el algoritmo y el diseño

Es importante entender el algoritmo completamente antes de escribir cualquier código. De lo contrario, hará algo que nunca quiso hacer en primer lugar. No puede probar el módulo si no entiende el diseño, ya que no tiene ni idea de cuál es el objetivo del módulo. Si está utilizando el código de otro como referencia, revise el algoritmo, el diseño y los comentarios para entender el objetivo del código. Si no sabe cómo funciona el algoritmo, no puede desarrollar casos de prueba eficaces, y esto es así cuando utiliza estructuras de datos en su código. Esto significa que no puede determinar si el algoritmo funciona como se espera.

Comprobar la corrección del código

Diferentes métodos pueden depurar el código y determinar si la información escrita es correcta y el compilador se ejecuta sin lanzar errores.

Revisiones por pares

Lo mejor es contar con otra persona, alguien versado en la escritura de código, para que evalúe y examine el código que usted ha escrito. Si quiere que la revisión sea eficaz, debe asegurarse de que el compañero tenga la información y los conocimientos necesarios para comprobar el código. Es importante dar al compañero el código con los comentarios para que sepa exactamente qué esperar del código.

Si quiere facilitarle las cosas al revisar, puede explicarle el código y decirle cómo funciona el algoritmo. Si el revisor no está de acuerdo o no entiende algunas partes de la implementación, debe discutirlo con él hasta que ambos lleguen a un acuerdo. El objetivo del revisor debe ser detectar los errores en el código. Es más fácil corregirlos si se identifican correctamente.

Puede identificar estos problemas usted mismo cuando pruebe el código. Dicho esto, es útil contar con alguien externo que observe el código e identifique algunos puntos ciegos del mismo. Las revisiones por pares llevarán tiempo, así que asegúrese de restringir las revisiones sólo a las secciones del código que desea que se evalúen y no a todo el código.

Rastreo de código

Puede detectar fácilmente los errores en el código rastreando la ejecución de las diferentes funciones y módulos del código. Es especialmente importante hacer esto cuando se hacen llamadas a la función o al módulo en diferentes partes del programa. Como programador, debe rastrear cómo funcionan las funciones y los módulos. Si quiere que este proceso sea eficaz, debe rastrear los módulos y las funciones asumiendo que otras funciones y procedimientos del código funcionan con precisión. Al realizar el rastreo del código, debe tratar con diferentes capas o niveles de herencia y abstracción. Tenga en cuenta que no podrá encontrar todos los errores mediante el rastreo. Sin embargo, este proceso mejora su comprensión del algoritmo utilizado.

Prueba de corrección

La mejor manera de identificar cualquier error en el código es examinar el algoritmo utilizado diferentes métodos para validar la corrección del mismo. Por ejemplo, si conoce las precondiciones, las condiciones de terminación, las invariantes y las postcondiciones de cualquier declaración de bucle utilizada, puede realizar comprobaciones sencillas en el código. Haga las siguientes preguntas para determinar la corrección del código:

1. Si el compilador ha entrado en el bucle sin lanzar ningún error, ¿significa que el invariante utilizado es correcto?

2. Si las declaraciones del cuerpo del bucle no arrojan un error, ¿significa que el bucle ha funcionado bien y terminará sin ningún error?

3. Si el bucle se acerca al final, ¿significa que el compilador avanzará hacia la postcondición?

Puede que estas preguntas no le ayuden a determinar si hay errores en el código, pero le permiten comprender mejor el algoritmo utilizado.

Anticiparse a los errores

No es desafortunado tener errores en el código ya que existe la posibilidad de que utilice punteros y variables incorrectas en el código. También es posible que se olvide de llamar o utilizar determinadas funciones y parámetros en el código. También cometemos errores a la hora de trazar el código, y es posible que las revisiones de los compañeros no detecten todos los errores del código. Debe estar preparado para estos errores en el código y utilizar las técnicas de gestión de errores que hemos discutido anteriormente en el libro.

Conclusión

Gracias por comprar el libro. Si acaba de empezar a programar, es importante que aprenda cómo funcionan los algoritmos y que utilice esos algoritmos para escribir código. Este libro tiene toda la información que necesita sobre la estructuración de sus programas. El libro le introduce en el concepto de algoritmos y en cómo pueden utilizarse para escribir código de alto rendimiento. También introduce el concepto de algoritmos de ordenación y búsqueda.

Utilice la información y los ejemplos del libro para mejorar su comprensión de los algoritmos. Practique y aprenda a escribir código para que tenga un mejor rendimiento que cualquier otro código que haya escrito antes.

Espero que haya reunido la información que buscaba.

Recursos

Ventajas y desventajas del algoritmo y el diagrama de flujo - Computersciencementor | Hardware, Software, Redes y programación. (n.d.). Computersciencementor.com. https://computersciencementor.com/advantages-and-disadvantages-of-algorithm-and-flowchart/

Ordenación de burbujas en C | Programación simplificada. (2020). Programmingsimplified.com. https://www.programmingsimplified.com/c/source-code/c-program-bubble-sort

DAA - Complejidades espaciales - Tutorialspoint. (2019). Tutorialspoint.com. https://www.tutorialspoint.com/design_and_analysis_of_algorithms/design_and_analysis_of_algorithms_space_complexities.htm

Includehelp. (2017). Includehelp.com. https://www.includehelp.com/data-structure-tutorial/algorithm-and-its-types.aspx

GeeksforGeeks | Un portal de informática para geeks. (2019). GeeksforGeeks. https://www.geeksforgeeks.org/

Programa de ordenación de la selección en C. (2015, 11 de febrero). Beginnersbook.com. https://beginnersbook.com/2015/02/selection-sort-program-in-c/

Tipos de algoritmos | Conozca los 6 tipos más importantes de algoritmos. (2019, 10 de mayo). EDUCBA. https://www.educba.com/types-of-algorithms/

Cuáles son las ventajas y desventajas del algoritmo. (2018, 23 de agosto). Vedantu.com. https://www.vedantu.com/question-answer/what-are-the-advantages-and-disadvantages-of-algorithm-5b7ea609e4b084fdbbfacd20